Sven-David Müller
Christiane Pfeuffer

Backen mit Genuss bei Diabetes

Inhalt

Vorwort	**4**

Grundlagen	**6**

Die Volkskrankheit Diabetes
mellitus 8
   Die Formen des Diabetes
      mellitus 8
   Was Sie über Insulin und
      Blutzucker wissen sollten 9
   Die Rolle des Körpergewichts 10

Die richtige Ernährung
bei Diabetes mellitus 12
   Kohlenhydrate und
      Ballaststoffe 12
   Die Nährstoffe Fett und
      Eiweiß 13
   Alkohol in der diabetes-
      gerechten Ernährung 14
   Dürfen Diabetiker Zucker
      essen? 14
   Was Sie zu den Rezepten
      wissen sollten 16

Auf einen Blick: BE-
und Kalorientabelle 18

Pikante Köstlichkeiten	**34**

   Spinatpizza 36
   Spinat-Schafskäse-Tarte 37
   Quiche Lorraine 38
   Spargelquiche 39
   Curry-Hackfleisch-Strudel 40

   Wirsingtorte 42
   Lauchtorte 43

Appetitliches Kleingebäck	**44**

   Apfeltaschen 46
   Quarktaschen mit
      Aprikosen 47
   Nusshörnchen 48
   Mandeltörtchen 49
   Sauerkirsch-Nuss-Törtchen 50
   Biskuittörtchen 50
   Müsliriegel 51
   Hefeschnecken mit bunten
      Beeren 52
   Spritzgebäck 54
   Zitronenplätzchen 54

   Hefefladen 55
   Baguette 56
   Quarkbrötchen 56
   Mehrkornbrötchen 57

Leckere Kuchen und Torten	58
Biskuitrolle mit Mokkafüllung	60
Biskuitrolle mit Konfitüre	61
Erdbeerboden	62
Erdbeerkranz	63
Quarkhefestuten	64
Kokosflockentorte	65
Feiner Schokoladenkuchen	66
Mandarinen-Kleie-Kuchen	66
Jogurttorte mit frischen Beeren	67
Apfelkuchen	68

Apfel-Schmand-Kuchen	69
Apfel-Quark-Kuchen	70
Kirschkuchen	72
Pfirsich-Ananas-Kuchen	73
Eierscheckenkuchen	74
Pflaumen-Streusel-Kuchen	75
Käsekuchen	76
Orangen-Quark-Schnitten	76
Quarksahne-Ananas-Kuchen	78
Bienenstich	79
Gewürzkuchen	80
Marmorkuchen	80
Frischkäsetorte	81

Feine Waffeln und Soufflees	82
Buttermilchwaffeln	84
Mohnwaffeln	85
Quark-Soufflee auf Fruchtsauce	86
Buttermilch-Soufflee	87

Service	88
Backen leicht gemacht – praktische Backtipps	88
Adressen und Infos	92
Verzeichnis der Rezepte	94
Impressum	96

INHALT

Vorwort

Diabetes mellitus ist im Volksmund als Zuckerkrankheit bekannt. Der Diabetes hat sich in allen Wohlstandsgesellschaften zu einer Volkskrankheit entwickelt. In Deutschland leiden nach Angaben der Deutschen Diabetes Gesellschaft zwischen vier und fünf Millionen Menschen unter Diabetes mellitus. Die Weltgesundheitsorganisation (WHO) schätzt, dass sich weltweit die Zahl der Diabetiker in den nächsten zehn Jahren verdoppelt. Zu den Grundbausteinen der modernen Diabetestherapie gehören Bewegung, die richtige Ernährung, eventuell Medikamente und natürlich Schulung und Aufklärung der Diabetiker.

Die Fortschritte in der Ernährungsmedizin haben dazu geführt, dass Diabetiker heute keine strenge Diät einhalten müssen. Ihre Kost ist kohlenhydratreich, aber fettarm, um das Körpergewicht, das bei 90 Prozent der Betroffenen erhöht ist, zu normalisieren. Dass Genuss von Kuchen, Gebäck oder pikanten Backwaren trotzdem kein Problem darstellt, zeigt dieses Backbuch. Die Liberalisierung der diabetesgerechten Ernährung erfordert vom Diabetiker jedoch Mitarbeit. Selbstkontrolle des Blutzuckers und Eigenverantwortung sind heute Bausteine der Therapie auf Seiten des Diabetikers.

Mit dem vorliegenden »Backbuch« für Diabetiker ist den Autoren eine ausgezeichnete Ergänzung zu ihrem Buch »Genussvoll essen bei Diabetes« gelungen.

Prof. Dr. med. Hubertus Wietholtz
Direktor der Medizinischen Klinik II (Gastroenterologie und Stoffwechselkrankheiten) am Klinikum Darmstadt

Liebe Leserinnen, liebe Leser!

Kuchen, Torten, Kekse und Waffeln für Diabetiker? Mit diesem Backbuch möchten wir Ihnen die Welt der großen Gaumenfreuden eröffnen und Ihnen Anregungen für eine kreative, abwechslungsreiche Küche geben. Fachleute sprechen von einer Liberalisierung der diabetesgerechten Ernährung. Für rund fünf Millionen Diabetiker, die in Deutschland leben, heißt es heute nicht mehr, möglichst wenig Kohlenhydrate aufzunehmen. Im Gegenteil, eine kohlenhydrat- und ballaststoffreiche Kost wirkt sich positiv auf die Blutzuckereinstellung aus. Dieses Backbuch bietet mit pikanten Backrezepten mehr als nur Kuchen, Torten und Kekse. Lecker essen und trotzdem die Blutzuckerwerte im Zaum halten – unter diesem Motto steht unser Backbuch. Wir zeigen Ihnen, dass gesunde, diabetesgerechte Ernährung Spaß macht und gut schmeckt. Unsere alltagsgerechten, abwechslungsreichen süßen und pikanten Rezepte, die zum Nachbacken verführen, kombinieren wir mit interessanten und wichtigen Informationen über den Diabetes mellitus. Wir wünschen Ihnen, Ihrer Familie und Ihren Freunden, dass Ihnen unser Buch viele Anregungen bietet, neue Rezepte auszuprobieren und mit Kreativität abzuwandeln. Wir freuen uns über Ihre Kommentare und neue, diabetesgerechte Rezepte, die Sie uns einsenden können (VFED e.V., Postfach 1928, 52021 Aachen). Wir danken Herrn Martin Gorny, Diätassistent und Diabetesberater DDG (Klinikum Darmstadt), Frau Mechthild Wellmeier, Diätassistentin und Diabetesberaterin DDG (Uniklinik Aachen), Frau Birgit Tollkühn-Prott, Diätassistentin und Diätküchenleiterin (Uniklinik Aachen), Frau Birgit Schumacher, Diätassistentin und VFED-Arbeitskreisleiterin Diabetes mellitus, und Frau Anke Fries, Diätassistentin, für die hilfreiche Unterstützung bei der Erstellung dieses Backbuches. Viel Spaß beim Nachbacken und »Guten Appetit« wünschen Ihnen

Sven-David Müller und Christiane Pfeuffer

Grundlagen

Gesunde Ernährung nimmt einen wichtigen Platz in der Diabetestherapie ein. Die Grundsätze der diabetesgerechten Ernährung haben sich in den letzten Jahren gewandelt. Mittlerweile gelten für Diabetiker im Großen und Ganzen die gleichen Ernährungstipps wie für Nichtdiabetiker. Auch süßes und pikantes Gebäck ist erlaubt, wobei es auf die Lebensmittelauswahl und die Zubereitung ankommt.

Die Volkskrankheit Diabetes mellitus

Diabetes mellitus wird im Volksmund als Zuckerkrankheit bezeichnet. In Deutschland leiden nach Angaben der Deutschen Diabetes Gesellschaft etwa fünf Millionen Menschen daran. Diabetes mellitus ist eine chronische Stoffwechselerkrankung. Chronisch bedeutet, dass die Erkrankung nicht heilbar ist. Unter Stoffwechsel verstehen Wissenschaftler die Prozesse, die zur Energiebereitstellung und Versorgung der Körperzellen mit Kohlenhydraten, Eiweißen und Fetten ablaufen. Die Krankheitsbezeichnung Diabetes mellitus hat ihren Wortstamm im Griechischen und Lateinischen und heißt wörtlich übersetzt »honigsüßer Hindurchfluss«.

Die Formen des Diabetes mellitus

Die Medizin unterscheidet zwei Gruppen des Diabetes mellitus: Typ 1 und Typ 2. Die Ursache des Typ-1-Diabetes ist im Normalfall eine Virusinfektion. Dadurch werden die insulinbildenden Zellen der Bauch-

So unterscheiden sich die Diabetes-Typen

	Typ 1	Typ 2
Alter bei Ausbruch der Erkrankung	Jugendlich	Meist über 45 Jahre
Gewicht	Schlank	Übergewichtig
Vererbung	Selten (5 %)	Häufig (95 %)
Therapie	Insulin und diabetesgerechte Kost	Gewichtsabnahme, Bewegung und gesunde Ernährung, aber auch mit Medikamenten oder Insulin
Kostform	BE-berechnet	Kalorienberechnet, fettarm
Selbstkontrolle und Schulung	Erforderlich	Erforderlich

speicheldrüse größtenteils zerstört. Das Insulin muss gespritzt werden. Typ 2 entsteht hauptsächlich durch falsche Ernährung, Bewegungsmangel und Übergewicht. Er kann aber auch durch erbliche Vorbelastung bedingt sein. Oftmals haben Typ-2-Diabetiker nicht zu wenig Insulin, sondern eine unzureichende Insulinwirkung.

Was Sie über Insulin und Blutzucker wissen sollten

Der zu hohe Blutzucker ist das Symptom aller Diabetiker. Der Blutzucker ist die Energiequelle der Körperzellen. Er entsteht, wenn Lebensmittel verdaut werden, die Kohlenhydrate enthalten. Das sind beispielsweise Zucker, Brot, Obst, Milch oder Kartoffeln. Zum Transport des Blutzuckers in die Körperzellen ist das Hormon Insulin notwendig. Die Bildung des Insulins findet in den Langerhansinseln der Bauchspeicheldrüse statt. Die Bauchspeicheldrüse gibt das Insulin an das Blut ab. Insulin schließt sozusagen die Türen in der Zellwand auf und lässt den Blutzucker einströmen.

Gute Blutzuckerwerte für Diabetiker

	Typ 1	Typ 2
Nüchtern	60 bis 160 mg/dl	100 bis 180 mg/dl
Nach Kohlenhydrataufnahme	bis 180 mg/dl	bis 200 mg/dl
2 Stunden nach Kohlenhydrataufnahme	bis 160 mg/dl	bis 180 mg/dl

Eine gute Blutzuckereinstellung ist möglich, wenn Diabetiker regelmäßig ihren Blut- und/oder Harnzuckerwert überprüfen und in einem Tagebuch protokollieren. Diese Selbstkontrolle, ausführliche Schulung und ärztliche Behandlung gewährleisten ein nahezu normales Leben für Diabetiker und beugen den gefürchteten Folgekomplikationen an Blutgefäßen, Augen, Nieren und Nerven vor. Zu deren Vermeidung ist es wichtig, optimale Blutdruckwerte (maximal 85 zu 135 mmHg) zu erreichen. Gute Blutdruckwerte sind insbesondere für Typ-2-Diabetiker enorm wichtig.

Die Rolle des Körpergewichts

Ein erhöhtes Körpergewicht ist ein Risikofaktor für zahlreiche Krankheiten. Übergewichtige haben ein hohes Risiko, einen Diabetes mellitus vom Typ 2 zu entwickeln. Ihre Bauchspeicheldrüse muss viel mehr Insulin produzieren als die von Normalgewichtigen, um den Zucker in die Fettzellen zu transportieren. Das kann die Bauchspeicheldrüse nur bis zu einem gewissen Grad leisten. Mit zunehmendem Gewicht steigt die Gefahr einer Erkrankung.

Ihr Körpergewicht können Sie anhand des so genannten Körper-Massen-Indexes (Body Mass Index = BMI) bewerten. Dieser berechnet sich aus dem Körpergewicht und der Körpergröße.

Wie Sie Ihren BMI berechnen

$$\frac{\text{Körpergewicht in Kilogramm}}{\text{Körpergröße in Metern} \times \text{Körpergröße in Metern}}$$

Beispiele

1. Größe: 1,80 m, Gewicht: 75 kg   BMI = 75 : (1,80)² = 23
Das Gewicht liegt im guten Bereich – muss nicht verändert werden.
2. Größe: 1,64 m, Gewicht: 79 kg   BMI = 79 : (1,64)² = 29
Das Gewicht ist zu hoch – Abnehmen ist erforderlich.

Liegt der BMI zwischen 18 und 25, ist Ihr Gewicht in Ordnung. Ein BMI über 30 zeigt an, dass eine langsame, konsequente Gewichtsreduktion notwendig ist. Dabei ist eine Gewichtsabnahme von einem halben bis einem Kilogramm pro Woche sinnvoll und ratsam. Crashdiäten oder Fastenkuren sind für Diabetiker grundsätzlich ungeeignet. Ihr Gewicht sollten Sie auf jeden Fall ein- bis zweimal wöchentlich mit einer Waage kontrollieren und in einem Tagebuch protokollieren. Mit jedem Kilogramm weniger verbessert sich die Insulinwirkung und die Blutzuckerwerte sinken. Das gilt für Typ-1- und Typ-2-Diabetiker gleichermaßen. Viele Typ-2-Diabetiker verlieren sogar mit dem erhöhten Gewicht gleichzeitig den Diabetes mellitus. Dann müssen sie Ihr Gewicht allerdings möglichst konsequent halten. Wenn sie erneut zunehmen, steigen die Blutzuckerwerte wieder an und die Erkrankung bricht aufs Neue aus.

Zu viele Kalorien schlagen zu B(a)uche

Mit dem Umfang des Bauches erhöhen sich die Werte von Blutzucker, Blutdruck und Blutfetten. Der Bauch ist der Feind der Gesundheit und sollte langsam, aber stetig weniger werden. Übergewichtige Diabetiker profitieren oft schon von einer moderaten Gewichtsabnahme.
Ein Kilogramm Fettgewebe hat rund 7000 Kilokalorien. Um ein einziges Kilogramm Fett abzubauen, müssen demnach 7000 Kilokalorien eingespart werden.

Beispiel

Es wird eine Gewichtsreduktion von fünf Kilogramm angestrebt. D.h. rein rechnerisch müssen insgesamt 35 000 Kilokalorien eingespart werden. Angenommen der Energiebedarf pro Tag liegt bei 2370 Kilokalorien. Reduziert man während einer Diät die Energieaufnahme auf 1600 Kilokalorien, werden Tag für Tag 700 Kilokalorien weniger als bisher zugeführt. Die Diät müsste ca. 45 Tage durchgehalten werden, um fünf Kilogramm zu verlieren (35 000 : 700 = 45,5). Bei allen Angaben handelt es sich um Näherungswerte.

Wichtig ist, dass Sie Ihr Gewicht halten, wenn Sie die überflüssigen Pfunde verloren haben. Die Energiezufuhr bestimmt das Körpergewicht. Übersteigt die Energiezufuhr den tatsächlichen Energiebedarf, erhöht sich das Gewicht. Umgekehrt sinkt das Gewicht, wenn Sie mehr Energie verbrauchen, als Sie Ihrem Körper zuführen. Geben Sie Ihrem Körper aber exakt die Kalorien, die er benötigt, bleibt Ihr Körpergewicht konstant. Der Energiebedarf ist abhängig von der körperlichen Tätigkeit. Je schwerer die Tätigkeit, desto höher ist der Bedarf. Er nimmt mit zunehmendem Alter stetig ab. Ab 50 Jahren reduziert sich der Energiebedarf jedes Jahr um etwa ein Prozent.
Um die Insulinwirkung zu optimieren, ist es erforderlich, einen optimalen BMI zu haben. Auch Sport sowie die Mineralien Chrom und Zink (beispielsweise aus dem Präparat Diazink®) verbessern die Insulinwirkung. Dieser Effekt trifft für Typ-1- und Typ-2-Diabetiker gleichermaßen zu. Bei übergewichtigen Diabetikern bringt oftmals schon eine Gewichtsreduktion von drei bis fünf Kilogramm eine deutliche Verbesserung der gesamten Stoffwechselsituation.

Die richtige Ernährung bei Diabetes mellitus

Die diabetesgerechte Ernährung ist ein wichtiger Therapiebaustein für eine wirksame Behandlung. Die zentrale Energieeinheit im Falle eines Typ-1-Diabetes unterscheidet sich von einer des Typ 2. Für den Typ-1-Diabetiker steht die BE-Berechnung an erster Stelle. Der Typ-2-Diabetiker zählt die Kilokalorien. Typ-1-Diabetiker sind in der Regel schlank und müssen nicht kalorienreduziert essen. Da sie stets mit Insulin behandelt werden, muss auf die Kohlenhydrate besonders geachtet werden. Die Kohlenhydrate werden nach Berechnungs- oder Broteinheiten (BE) berechnet.

Kohlenhydrate und Ballaststoffe

Im Gegensatz zu den Nährstoffen Eiweiß und Fett erhöhen die Kohlenhydrate mit Ausnahme der Ballaststoffe den Blutzuckerspiegel. Der Blutzucker ist die Energieversorgung des Körpers. Aufgrund ihrer Zusammensetzung steigern die kohlenhydrathaltigen Lebensmittel den Blutzucker unterschiedlich schnell.

Nahrungsmittelgruppen

nach BE berechnet	nicht nach BE berechnet
Kohlenhydrathaltige(s)	Kohlenhydratfreie(s)
Getreide/Getreideprodukte	Koch-/Streichfette
Milch/Milchprodukte	Fleisch/Fleischprodukte
Kartoffeln	Fisch/Geflügel
Reis	Käse/Quark/Eier
Nudeln	Gemüse/Hülsenfrüchte
Obst/Obstprodukte	Salate
Zucker	Nüsse
Diabetikersüßigkeiten	Zuckeraustauschstoffe

Bei Typ-1-Diabetikern muss gewährleistet sein, dass sich die aufgenommene Kohlenhydratmenge mit der Insulindosis die Waage hält. So lassen sich Über- und Unterzuckerungen vermeiden. Die moderne intensivierte Insulintherapie gibt die Möglichkeit einer freien BE-Menge. Eine konventionelle Insulintherapie erfordert meist eine strikte Einhaltung der BE-Menge.

Ballaststoffe regulieren den Blutzucker und machen satt

Im Gegensatz zu den Kohlenhydraten liefern Ballaststoffe weder Kalorien noch erhöhen sie den Blutzuckerspiegel. Ballaststoffreiche Lebensmittel sorgen für eine gute und lang anhaltende Sättigung und lassen den Blutzucker langsamer ansteigen. Daher sollten Obst, Gemüse, Vollkornbrot und Hülsenfrüchte regelmäßig auf dem Speiseplan stehen. Ballaststoffarme Lebensmittel erhöhen den Blutzuckerspiegel rasant, teilweise sogar schneller als Zucker.

Die Nährstoffe Fett und Eiweiß

Fett ist der energiereichste Nährstoff. Zu viel Fett gilt als maßgeblicher Faktor für die Entstehung von Übergewicht. In Deutschland wird mehr als das Doppelte an Fett gegessen, als benötigt wird. Typ-1-Diabetiker müssen die Aufnahme an Fett nicht näher beachten, solange ihr Gewicht im normalen Bereich liegt. Übergewichtige Typ-2-Diabetiker hingegen müssen hier besonders zurückhaltend sein. Vor allem beim Streichfett kann gespart werden. Zudem sollten nur tierische Produkte mit einem geringen Fettgehalt gegessen werden. Das optimale Streichfett für übergewichtige Diabetiker ist Halbfettmargarine. Zur Zubereitung von Speisen sollte hochwertiges, gut erhitzbares Pflanzenöl sparsam verwendet werden.

Eiweiß – ein wichtiger Baustein für den Körper

Der Nährstoff Eiweiß wird von Wissenschaftlern als Protein bezeichnet. Er ist ein lebenswichtiger Baustoff. Dem Ernährungsbericht der Bundesregierung zufolge wird zu viel Eiweiß aufgenommen. Eiweiß im Übermaß fördert die Entstehung von Nierenschäden und Gicht, aber hat keine Auswirkung auf den Blutzuckerspiegel. Der Eiweißbedarf von Diabetikern ist im Normalfall nicht erhöht.

Alkohol in der diabetesgerechten Ernährung

Alkoholische Getränke können den Organismus schädigen und abhängig machen. Positive Wirkungen können alkoholischen Getränken lediglich zugeschrieben werden, sofern nicht mehr als zehn Gramm Alkohol am Tag aufgenommen werden. Diese Menge entspricht ungefähr einem Glas Wein oder Bier. Alkoholische Getränke können Unterzuckerung (Hypoglykämie) verursachen. Dies gilt insbesondere für Diabetiker, die mit Insulin behandelt werden oder unter einer Therapie mit Sulfonylharnstoffen stehen. Übergewichtige Typ-2-Diabetiker sollten beachten, dass alkoholische Getränke einen hohen Energiegehalt haben. Für Typ-1-Diabetiker ist wichtig, dass alkoholische Getränke nicht nach BE berechnet werden.

Dürfen Diabetiker Zucker essen?

Bis vor wenigen Jahren waren Zucker und zuckerhaltige Lebensmittel allen Diabetikern verboten. Die einzige Ausnahme war im Falle einer Unterzuckerung. Inzwischen haben Wissenschaftler herausgefunden, dass die Blutzuckersteigerung durch bestimmte zuckerhaltige Lebensmittel nicht so rasant ist, wie bisher angenommen wurde. Leider enthalten die meisten gezuckerten Lebensmittel reichlich Kalorien, sodass übergewichtige Typ-2-Diabetiker nicht von den neuen Erkenntnissen profitieren. Mit BE-Berechnung können Typ-1-Diabetiker und insulinspritzende, schlanke Typ-2-Diabetiker zuckerhaltige Produkte essen.

Bei BE-Berechnung erlaubt	Nicht geeignet
Typ-1- und schlanke Typ-2-Diabetiker	Für alle Diabetiker
Fettreiche, zuckerhaltige Produkte	Produkte, die nahezu ausschließlich Zucker enthalten
Schokolade / Pralinen	Limonade / Cola-Getränke
Kuchen	Gummibärchen
Nuss-Nougat-Creme	Honig
Milchspeiseeis	Zucker / Traubenzucker

Was Zucker ersetzen kann

Süßstoffe und Zuckeraustauschstoffe sind die süße Alternative zum Haushaltszucker. Süßstoffe müssen nicht berechnet werden, da sie weder Kohlenhydrate noch Kalorien enthalten. Süßstoffe sind in begrenzten Mengen gesundheitlich unbedenklich. Es handelt sich um chemische Substanzen, denen im Gegensatz zu Zucker oder Zuckeraustauschstoffen die Masse und die konservierende Wirkung fehlen. Süßstoffe eignen sich optimal zum Süßen von Getränken, Süßspeisen, Saucen, Kompotten oder Ähnlichem. Süßstoffe schmecken, wenn sie überdosiert werden, oftmals unangenehm metallisch. Verwenden Sie sie daher sparsam.

Wie Sie Süßstoff dosieren

1 TL Zucker	entspricht	8 Tropfen Süßstoff
1 EL Zucker	entspricht	25 Tropfen Süßstoff
65 g Zucker	entspricht	1 TL Süßstoff
100 g Zucker	entspricht	1,5 TL Süßstoff
250 g Zucker	entspricht	4 TL Süßstoff
4–5 g Zucker	entspricht	1 Süßstofftablette

Zuckeraustauschstoffe schmecken süß und ersetzen auch Eigenschaften des Haushaltszuckers. Für Kuchenteige sind Zuckeraustauschstoffe oder Fruchtzucker gut geeignet, da sie im Gegensatz zu Süßstoffen Masse geben und gute Backeigenschaften haben. Zuckeraustauschstoffe enthalten Kalorien und erhöhen den Blutzuckerspiegel leicht und langsam. Außer Fruchtzucker haben alle Zuckeraustauschstoffe nur halb so viele Kalorien wie Zucker. Heute müssen Zuckeraustauschstoffe und Fruchtzucker in kleineren Mengen nicht mehr nach BE berechnet werden, da ihre Blutzuckersteigerung minimal ist. Fruchtzucker sollte aber in größeren Mengen (ab 20 Gramm) nach BE berechnet werden. Zuckeraustauschstoffe wie Sorbit, Maltit, Mannit, Isomalt, Lactit oder Xylit müssen überhaupt nicht berechnet werden. Allerdings sind sie kaum verdaulich und führen oftmals zu Magen-Darm-Beschwerden. Daher sollten Sie diese Ersatzstoffe nur in kleinen Mengen und nicht zu häufig verwenden.

Die wichtigsten Ersatzstoffe für Zucker

Gebräuchliche Zuckeraustauschstoffe	Bekannte Süßstoffe
Fruchtzucker (Fruktose)	Saccharin
Sorbit (stark abführend)	Natrium Cyclamat
Isomalt	Aspartam (nicht hitzestabil)
Mannit	Acesulfam Kalium
Xylit	Neohesperidin
Lactit	–
Maltit	–

Diätetische Lebensmittel

Diätetische Lebensmittel, die sich zur Ernährung bei Diabetes mellitus im Rahmen eines Diätplanes eignen, sind nicht kalorienfrei und werden daher nach BE berechnet. Dazu gehören unter anderem Fruchtzucker, Zuckeraustauschstoffe sowie damit hergestellte Konfitüren, Marmeladen, Limonaden, Cola-Getränke und Süßwaren. Eine Vielzahl von diätetischen Lebensmitteln ist überflüssig und teuer. Wichtig ist, dass diätetische Lebensmittel, die für Diabetiker geeignet sind, eine langsamere Blutzuckersteigerung hervorrufen als herkömmliche, mit Zucker gesüßte Lebensmittel. Übergewichtige Typ-2-Diabetiker müssen allerdings auch bei diätetischen Lebensmitteln den Kaloriengehalt beachten und Typ-1-Diabetiker müssen sie nach BE berechnen.

Was Sie zu den Rezepten wissen sollten

Im Rezeptteil finden Sie leckere und kreative Backrezepte, die übersichtlich nach Rubriken geordnet sind. Dank der leicht verständlichen Schritt-für-Schritt-Anleitung sind sie einfach nachzubacken. Unsere Rezepte sind für Typ-1- und Typ-2-Diabetiker geeignet. Bitte beachten Sie jedoch, dass Übergewichtige den Kaloriengehalt berücksichtigen müssen. Wir haben die Rezepte mit den wichtigen Nährwertangaben versehen. Besonders einfach ist die Berechnung für Sie dadurch, dass wir alle Angaben auf eine Portion beziehen.

Probieren Sie unsere Rezepte aus, und lernen Sie mit uns eine abwechslungsreiche und schmackhafte, diabetesgerechte Backkunst kennen, die nicht nur Diabetikern schmeckt. Falls in den Rezepten nicht anders vermerkt, gelten die folgenden Angaben.

Allgemeines zur Wahl der Zutaten

Milch/Jogurt	1,5 % Fett
Saure Sahne	10 % Fett
Süße Sahne	30 % Fett
Kondensmilch	7,5 % Fett
Käse	45 % F. i. Tr.
Eier	Gewichtsklasse M
Salz	Fluoridiertes Jodsalz
Weizenmehl	Type 405

Maßeinheiten

1/2 TL, 1 TL, 1 EL Öl	3 ml, 5 ml, 15 ml
1 TL, 1 EL Margarine	5 g, 15 g
1 EL Milch, Sahne	15 ml
1 EL Rum, Zitronensaft	15 ml
1 EL Mehl	15 g
1 gehäufter EL Speisestärke	25 g
1 EL, 1 gehäufter EL Fruchtzucker	15 g, 20 g
1/2 TL, 1 TL flüssiger Süßstoff	3 ml, 5 ml
1/2 TL, 1 TL, 1 Päckchen Backpulver	2 g, 3 g, 17 g
1 Päckchen Trockenhefe	7 g
1 EL, 1 Päckchen Vanillepuddingpulver	10 g, 40 g
1 Blatt Gelatine	2 g
1 TL Kakao	5 g
1 Päckchen Tortenguss	13 g

GRUNDLAGEN

Auf einen Blick: BE- und Kalorientabelle

Nur Typ-1-Diabetiker müssen mit BE rechnen. Typ-2-Diabetiker müssen in der Regel abnehmen und daher die Kalorien und nicht die BE zählen. Deshalb finden Sie in unserer innovativen BE-Tabelle auch die jeweilige Kalorienangabe, bezogen auf 100 Gramm oder eine BE.
Zusätzlich finden Sie für beide Diabetes-Typen wichtige Hinweise. Übergewichtige Typ-2-Diabetiker sollten fett- und kalorienarme Produkte bevorzugen, um das Gewicht und damit den Blutzucker zu senken. Für Typ-1-Diabetiker ist entscheidend, welche Produkte nach BE berechnet werden. Obwohl manche Lebensmittel den Blutzuckerspiegel nicht direkt erhöhen, sollten Typ-1-Diabetiker nicht zu viel davon essen, um Übergewicht, Fettstoffwechselstörungen und Nierenschäden vorzubeugen.

Käsesorten

Lebensmittel	Kalorien [kcal] pro 100 g	Hinweis
Blauschimmel-/Edelpilzkäse, 70 % F. i. Tr.	428	Besser meiden
Butterkäse, 60 % F. i. Tr.	380	Besser meiden
Camembert, 60 % F. i. Tr.	366	Besser Camembert, 45 % F. i. Tr.
Camembert, 45 % F. i. Tr.	280	Ohne Streichfett
Camembert, 30 % F. i. Tr.	206	Fettarm
Chester, 50 % F. i. Tr.	393	Besser meiden
Doppelrahmfrischkäse	270	Ohne Streichfett
Edamer, 45 % F. i. Tr.	354	Ohne Streichfett
Edamer, 30 % F. i. Tr.	253	Fettarm
Emmentaler, 45 % F. i. Tr.	386	Ohne Streichfett
Feta, 45 % F. i. Tr.	237	Fettarm

Käsesorten

Lebensmittel	Kalorien [kcal] pro 100 g	Hinweis
Gouda, 48 % F.i.Tr.	343	Ohne Streichfett
Gouda, 40 % F.i.Tr.	300	Ohne Streichfett
Harzer	126	Fettarm
Kochkäse, 40 % F.i.Tr.	187	Fettarm
Kochkäse, 10 % F.i.Tr.	101	Fettarm
Körniger Frischkäse	81	Fettarm
Leerdamer, 45 % F.i.Tr.	352	Ohne Streichfett
Limburger, 40 % F.i.Tr.	270	Ohne Streichfett
Magerquark	73	Fettarm
Mascarpone	460	Besser Quark
Mozzarella	225	Fettarm
Parmesan, 32 % F.i.Tr.	386	Menge beachten
Quark, 20 % Fett	102	Fettarm
Romadur, 30 % F.i.Tr.	226	Fettarm
Romadur, 20 % F.i.Tr.	187	Fettarm
Sahnequark, 40 % Fett	160	Besser Quark, 20 % Fett
Schmelzkäse, 45 % F.i.Tr.	264	Ohne Streichfett
Schmelzkäse, 30 % F.i.Tr.	209	Fettarm
Schmelzkäse, 20 % F.i.Tr.	188	Fettarm
Scheibletten, 20 % F.i.Tr.	207	Fettarm
Tilsiter, 45 % F.i.Tr.	325	Ohne Streichfett
Weichkäse, 60 % F.i.Tr.	366	Ohne Streichfett
Ziegenkäse, 45 % F.i.Tr..	280	Ohne Streichfett

Käse ist als Milchprodukt ein hochwertiges Lebensmittel und enthält große Mengen an Kalzium.
- Typ 1: nicht zu viel Käse essen
- Typ 2: Käse mit maximal 45 % F.i.Tr., eine Scheibe Käse für zwei Scheiben Brot

Milch und Milchprodukte

Lebensmittel	1 BE entspricht	Kalorien [kcal]	Hinweis
Buttermilch	300 ml	105	Fettarm
Crème fraîche, 40 % Fett	480 g	1815	Keine BE-Berechnung, Fettgehalt beachten
Dickmilch, 3,5 % Fett	300 g	185	–
Dickmilch, entrahmt, 0,1 % Fett	285 g	90	Fettarm
Jogurt, natur, 3,5 % Fett	300 g	180	–
Jogurt, natur, 1,5 % Fett	290 g	130	Fettarm
Jogurt, natur, 0,1 % Fett	285 g	90	Fettarm
Kaffeesahne, 10 % Fett	290 ml	360	Keine BE-Berechnung, Fettgehalt beachten
Kefir, 3,5 % Fett	300 ml	185	–
Kondensmilch, 7,5 % Fett	125 ml	165	Keine BE-Berechnung, besser 4 %ige Kondensmilch
Kondensmilch, 4 % Fett	90 ml	115	–
Milch, 3,5 % Fett	250 ml	160	Besser fettarme Milch
Milch, fettarm, 1,5 % Fett	245 ml	115	Fettarm
Milch, entrahmt, 0,1 % Fett	245 ml	85	Fettarm
Saure Sahne, 10 % Fett	325 g	380	Keine BE-Berechnung, Fettgehalt beachten
Schlagsahne, 30 % Fett	410 ml	1265	Keine BE-Berechnung, Fettgehalt beachten
Schmand, 24 % Fett	375 g	895	Keine BE-Berechnung, Fettgehalt beachten

Milch und Milchprodukte sollten täglich auf dem Speiseplan stehen. Sie enthalten Eiweiß, Fett und Kohlenhydrate sowie große Mengen an Kalzium. Die Blutzuckersteigerung ist bei flüssigen Produkten wie Milch rascher als bei festeren Produkten, beispielsweise Jogurt. Fettreiche Produkte, z. B. Dickmilch mit 3,5 Prozent Fett, steigern den Blutzucker langsamer als fettarme wie Jogurt mit 0,1 Prozent Fett.
- Typ 1: viele Produkte mit BE-Berechnung
- Typ 2: fettarme Produkte bevorzugen

Fette und Öle

Lebensmittel	Kalorien [kcal] pro 100 g	Hinweis
Butter	754	Besser meiden
Butterschmalz	897	Besser Pflanzenöl
Diätmargarine	722	In kleinen Mengen
Halbfettbutter	385	Ab und zu
Halbfettmargarine	368	In kleinen Mengen
Margarine	722	Besser Diätmargarine
Mayonnaise, 80 % Fett	727	Besser meiden
Mayonnaise, 50 % Fett	490	Ab und zu, in kleinen Mengen
Pflanzenöl	897	In kleinen Mengen
Schweineschmalz	898	Besser meiden

Fette und Öle sind kalorienreich und enthalten viele fettlösliche Vitamine. Pflanzliche Fette sind tierischen Fetten prinzipiell vorzuziehen, da sie Fettsäuren enthalten, die sich positiv auf Herz und Gefäße auswirken.
- Typ 1: keine BE-Berechnung, keine Steigerung des Blutzuckerspiegels
- Typ 2: Fett sparsam verwenden, täglich 1 bis 2 EL Streichfett (Diät- oder Halbfettmargarine). Zum Kochen und Braten: maximal 1 EL Pflanzenöl (Sonnenblumen-, Maiskeim-, Sojaöl).

Eier

Lebensmittel	Kalorien [kcal] pro 100 g	Hinweis
Ei, Gesamtinhalt	159	100 g sind ca. 2 Eier
Eidotter	353	–
Eiklar	48	–

Eier enthalten Eiweiß, Fett und fettlösliche Vitamine. Das Cholesterin aus dem Essen hat nahezu keinen Einfluss auf den Blutcholesterinspiegel, daher müssen Menschen mit erhöhtem Cholesterinspiegel nicht auf Eier verzichten. Zwei bis vier Eier in der Woche sind unbedenklich.

■ Typ 1: keine BE-Berechnung, aber nicht zu häufig Eier essen und besonders auf die Frische achten
■ Typ 2: fettarme Eierspeisen bevorzugen, z. B. gekochte Eier als Alternative zu Wurst oder Käse

Fleisch, Geflügel und Wild

Lebensmittel	Kalorien [kcal] pro 100 g	Hinweis
Fleisch		
Hackfleisch, halb und halb	260	Besser Rindergehacktes, sonst mit Magerquark oder mit geraffeltem Gemüse gemischt
Kalbsschnitzel	99	Fettarm
Kasseler	237	Sichtbares Fett entfernen
Lammfilet	112	Fettarm
Rinderfilet	121	Fettarm
Rindergehacktes	216	Relativ fettarm
Rinderkeule	148	Fettarm
Rinderleber	121	Fettarm, aber cholesterinreich
Rinderzunge	209	–
Schweinebauch	261	–
Schweinebraten	271	Sichtbares Fett entfernen

Fleisch, Geflügel und Wild

Lebensmittel	Kalorien [kcal] pro 100 g	Hinweis
Schweinefilet	104	Fettarm
Schweinegehacktes	318	Besser Rindergehacktes
Schweinekeule	274	Sichtbares Fett entfernen
Schweineleber	124	Fettarm, aber cholesterinreich
Schweineniere	96	Fettarm, aber cholesterinreich
Schweineschnitzel	106	Fettarm
Schweinespeck	759	Besser roher Schinken
Geflügel		
Ente	227	Beispielsweise als Festessen
Gans	342	Beispielsweise als Festessen
Hähnchen	161	Fettarm
Pute/Truthahn	141	Fettarm
Wild		
Hase	113	Fettarm
Hirsch	112	Fettarm
Kaninchen	152	Fettarm
Reh	110	Fettarm

Fleisch enthält große Mengen hochwertiges Eiweiß, B-Vitamine und das Spurenelement Eisen. Je nach Sorte weißt es erhebliche Mengen an Fett auf, wobei einige Geflügelsorten und Wild am fettärmsten sind. Schweinefleisch hat keine Nachteile gegenüber Rindfleisch. Bei Schweinefleisch ist der Vitamin B_1-Gehalt (Thiamin) höher als in allen anderen Fleischsorten.

- Typ 1: keine BE-Berechnung, keine direkte Steigerung des Blutzuckerspiegels, aber keine zu großen Portionen (durchschnittlich 100 Gramm pro Tag) essen
- Typ 2: dreimal wöchentlich Fleisch essen, jede Portion maximal 120 g, magere Sorten bevorzugen

Wurstwaren

Lebensmittel	Kalorien [kcal] pro 100 g	Hinweis
Bierschinken	169	Fettarm
Blutwurst	301	Besser meiden
Bratwurst	298	Besser Geflügelbratwurst
Cornedbeef	141	Fettarm
Fleischwurst	296	Besser Geflügelfleischwurst
Geflügelwurst	108	Fettarm
Gelbwurst	281	Ab und zu, dünn geschnitten, ohne Streichfett
Knackwurst	300	Besser meiden
Leberkäse	297	Ab und zu, gegrillt
Leberwurst	257	Ohne Streichfett
Mettwurst	390	Ab und zu, besser Geflügelmettwurst, ohne Streichfett
Mortadella	345	Besser Geflügelmortadella
Salami	371	Besser Geflügel- oder Rindersalami
Schinken, gekocht	193	Fettarm
Schinken, geräuchert	290	Dünne Scheiben ohne Fettrand sind fettarm
Speck, durchwachsen	621	Besser gekochter Schinken
Weißwurst	287	Besser meiden
Wiener Würstchen	296	Besser Geflügelwürstchen
Zervelatwurst	394	Besser Geflügelzervelatwurst

Wurstwaren liefern relativ viel Eiweiß, aber leider oft auch erhebliche Mengen »verstecktes« Fett.
■ Typ 1: keine BE-Berechnung, keine direkte Steigerung des Blutzuckerspiegels, aber keine zu großen Portionen essen
■ Typ 2: magere Sorten bevorzugen, eine Scheibe Wurst für zwei Scheiben Brot

Fisch, Meerestiere und Fischdauerwaren

Lebensmittel	Kalorien [kcal] pro 100 g	Hinweis
Aal	281	Ab und zu, in kleinen Mengen, ohne Streichfett
Barsch	81	Fettarm
Bismarckhering	210	Im Austausch zu Wurst/Käse geeignet
Brathering	204	Im Austausch zu Wurst/Käse geeignet
Forelle	102	Fettarm
Hering	193	Gute Fettsäuren für Herz und Gefäße
Hering in Tomatensauce	204	Sauce nicht mitessen (zusätzliches Fett)
Kabeljau	75	Fettarm
Karpfen	115	Fettarm
Krabben	87	Fettarm, aber cholesterinreich
Lachs	202	Gute Fettsäuren für Herz und Gefäße
Makrele	180	Gute Fettsäuren für Herz und Gefäße
Matjeshering	267	Ab und zu, in kleinen Mengen, ohne Streichfett
Miesmuscheln	51	Fettarm, aber cholesterinreich
Rot-/Goldbarsch	105	Fettarm
Schillerlocken	302	Ab und zu, in kleinen Mengen, ohne Streichfett
Scholle	86	Fettarm
Seelachs	80	Fettarm
Thunfisch in Öl	283	Besser Thunfisch naturell
Zander	83	Fettarm

Fische und Meerestiere enthalten große Mengen Eiweiß. Seefische liefern zusätzlich das für unsere Schilddrüse lebensnotwendige Jod.

■ Typ 1: keine BE-Berechnung, keine direkte Steigerung des Blutzuckerspiegels, trotzdem keine zu großen Portionen essen
■ Typ 2: zweimal wöchentlich Seefisch auf den Speiseplan setzen, jede Portion maximal 150 g

Getreide und Getreideprodukte

Lebensmittel	1 BE entspricht	Kalorien [kcal]	Hinweis
Blätterteig, tiefgefroren	35 g	131	Fettgehalt beachten
Cornflakes, zuckerfrei	15 g	55	Rasche Blutzuckersteigerung
Gerste, Korn	20 g	60	Langsame Blutzuckersteigerung
Gerstengraupen	17 g	55	–
Grünkern-/Dinkelmehl	20 g	60	Langsame Blutzuckersteigerung
Hafer, Vollkornflocken	20 g	75	Langsame Blutzuckersteigerung
Hirse, Korn	17 g	60	Langsame Blutzuckersteigerung
Kleie, im Durchschnitt	70 g	116	Keine BE-Berechnung, verlangsamt Blutzuckersteigerung und verbessert Sättigung
Mais, Grieß	15 g	55	–
Mais, Korn	20 g	60	–
Müslimischung, ohne Zucker	20 g	70	Besser Müsli selbst mischen
Naturreis, roh	16 g	55	Langsame Blutzuckersteigerung
Paniermehl/Semmelbrösel	17 g	60	Besser selbst aus Vollkornbrötchen herstellen
Reis, weiß, roh	15 g	55	Rasche Blutzuckersteigerung
Roggen, Korn	20 g	60	Langsame Blutzuckersteigerung
Roggenmehl, Type 815	17 g	55	–
Roggenmehl, Type 1150	18 g	55	–

Getreide und Getreideprodukte

Lebensmittel	1 BE entspricht	Kalorien [kcal]	Hinweis
Roggenvollkornmehl	20 g	60	Langsame Blutzuckersteigerung
Stärke	14 g	50	–
Weizen, Grieß	17 g	60	–
Weizen, Korn	20 g	60	Langsame Blutzuckersteigerung
Weizenmehl, Type 405	17 g	55	Rasche Blutzuckersteigerung
Weizenmehl, Type 1050	18 g	60	–
Weizenvollkornmehl	20 g	60	Langsame Blutzuckersteigerung

Getreide ist kohlenhydratreich, aber relativ kalorienarm. Vollkorngetreide ist ballaststoffreich und enthält deutlich größere Mengen an Mineralstoffen und Vitaminen als ausgemahlenes Getreide. Vollkornprodukte verbessern die Sättigung, senken den Cholesterinspiegel, regulieren die Verdauung und beugen Blutzuckerspitzen vor.
- Typ 1: BE-Berechnung, Vollkornprodukte bevorzugen
- Typ 2: Vollkornprodukte bevorzugen

GRUNDLAGEN

Brot und Brötchen

Lebensmittel	1 BE entspricht	Kalorien [kcal]	Hinweis
Baguette	20 g	55	Rasche Blutzuckersteigerung
Brötchen/Semmeln	20 g	60	Rasche Blutzuckersteigerung
Grahambrot	30 g	60	Langsame Blutzuckersteigerung
Knäckebrot	18 g	60	Langsame Blutzuckersteigerung
Laugenbrezel	25 g	60	Rasche Blutzuckersteigerung
Mehrkornbrot	30 g	60	Langsame Blutzuckersteigerung
Mischbrot	28 g	60	Besser Vollkornbrot
Pumpernickel	33 g	60	Langsame Blutzuckersteigerung
Roggenbrot	25 g	55	Besser Vollkornbrot
Roggenvollkornbrot	30 g	60	Langsame Blutzuckersteigerung
Salzstangen	16 g	60	Rasche Blutzuckersteigerung
Toastbrot	25 g	65	Rasche Blutzuckersteigerung
Vollkornbrot mit Samen/Kernen	30 g	70	Langsame Blutzuckersteigerung
Vollkornzwieback	21 g	75	Besser als herkömmlicher Zwieback
Weißbrot	25 g	60	Rasche Blutzuckersteigerung
Weizenvollkornbrot	30 g	60	Langsame Blutzuckersteigerung

Für Vollkornbrot gilt das Gleiche wie für Vollkorngetreide (Seite 27).
■ Typ 1: BE-Berechnung, Vollkornbrot bevorzugen
■ Typ 2: Vollkornbrot bevorzugen

Teigwaren und Nudeln

Lebensmittel	1 BE entspricht	Kalorien [kcal]	Hinweis
Eierteigwaren, roh	17 g	60	Besser Vollkornteigwaren
Spaghetti, eifrei, roh	16 g	60	Sehr langsame Blutzuckersteigerung
Vollkornnudeln, roh	19 g	65	Langsame Blutzuckersteigerung

Nudeln sind kohlenhydratreich, aber relativ kalorienarm. Für Vollkornnudeln gilt das Gleiche wie für Vollkorngetreide (Seite 27). Sehr langsam ist die Blutzuckersteigerung nach »al dente« gekochten Spaghetti.
- Typ 1: BE-Berechnung, Vollkornnudeln bevorzugen
- Typ 2: Vollkornnudeln bevorzugen

Hülsenfrüchte und Sojaprodukte

Lebensmittel	Kalorien [kcal] pro 100 g	Hinweis
Bohnen, weiß	262	Keine BE-Berechnung, ballaststoffreich, sehr gesund
Erbsen	269	Keine BE-Berechnung, ballaststoffreich, sehr gesund
Linsen	315	Keine BE-Berechnung, ballaststoffreich, sehr gesund
Sojabohnen	323	Keine BE-Berechnung, ballaststoffreich, sehr gesund
Sojasprossen	31	Keine BE-Berechnung, vitamin- und mineralstoffreich, sehr gesund
Tofu	85	Keine BE-Berechnung, Fleischersatz

Hülsenfrüchte beinhalten reichlich Kohlenhydrate, Ballaststoffe, Vitamine sowie Mineralstoffe, aber wenig Kalorien. Die enthaltenen Kohlenhydrate haben keinen oder kaum Einfluss auf den Blutzucker. Diabetikern wird der Verzehr von Hülsenfrüchten einmal pro Woche nahe gelegt.
- Typ 1: keine BE-Berechnung
- Typ 2: keine fetten Zutaten verwenden

Gemüse, Pilze, Kartoffeln und Kartoffelprodukte

Lebensmittel	1 BE entspricht	Kalorien [kcal]	Hinweis
Gemüse, Pilze, Salate	–	10–40	Keine BE-Berechnung, fett- und kalorienarm
Kartoffeln	80 g	55	–
Kartoffelchips	30 g	160	Fettreich
Kartoffelbrei	100 g	84	Rasche Blutzuckersteigerung
Kartoffelklöße	50 g	55	–
Kartoffelkroketten	50 g	112	Fettreich, besser im Backofen zubereiten
Kartoffelpuffer	84 g	131	Fettreich
Pommes frites, verzehrfertig	35 g	95	Fettreich, besser im Backofen zubereiten
Rhabarber	855 g	111	Keine BE-Berechnung

Gemüse, Pilze und Kartoffeln sind vitamin- und mineralstoffreich. Viele Gemüsesorten verfügen über einen hohen Gehalt an Ballaststoffen. Kartoffeln enthalten zusätzlich reichlich Kohlenhydrate.
- Typ 1: keine BE-Berechnung bei Gemüse, Salaten und Pilzen, BE-Berechnung bei Kartoffeln
- Typ 2: täglich mindestens zwei große Gemüseportionen und eine Kartoffelportion essen. Kartoffelportion: drei hühnereigroße Kartoffeln, Gemüseportion: mindestens 250 g, Salatportion: 125 g

Nüsse und Samen

Lebensmittel	Kalorien [kcal] pro 100 g	Hinweis
Cashewnuss	569	Keine BE-Berechnung, fettreich
Erdnuss	588	Keine BE-Berechnung, fettreich
Esskastanie	196	–
Haselnuss	647	Keine BE-Berechnung, fettreich
Kokosmilch	9	–
Kokosnuss	363	Keine BE-Berechnung, fettreich

Nüsse und Samen

Lebensmittel	Kalorien [kcal] pro 100 g	Hinweis
Kokosraspeln	606	Keine BE-Berechnung, fettreich
Leinsamen	398	Keine BE-Berechnung, fettreich
Macadamianuss	687	Keine BE-Berechnung, fettreich
Mandeln	577	Keine BE-Berechnung, fettreich
Mohn	466	Keine BE-Berechnung, fettreich
Paranuss	673	Keine BE-Berechnung, fettreich
Pekannuss	703	Keine BE-Berechnung, fettreich
Pinienkerne	674	Keine BE-Berechnung, fettreich
Pistazienkerne	618	Keine BE-Berechnung, fettreich
Sesamsamen	562	Keine BE-Berechnung, fettreich
Sonnenblumen-kerne	580	Keine BE-Berechnung, fettreich
Walnuss	666	Keine BE-Berechnung, fettreich

Nüsse und Samen enthalten reichlich Fett, Kalorien und fettlösliche Vitamine. Die Blutzuckersteigerung durch Nüsse und Samen ist minimal und durch den hohen Fettgehalt verlangsamt. Nüsse und Samen im Brot, Müsli oder Kuchen sind unbedenklich.
- Typ 1: keine BE-Berechnung
- Typ 2: weitgehend meiden, nicht als Snack essen

Sonstiges

Lebensmittel	1 BE entspricht	Kalorien [kcal]	Hinweis
Gelatine	–	0	Keine BE-Berechnung
Hefe	110 g	105	Keine BE-Berechnung
Kakaopulver	70 g	190	Keine BE-Berechnung
Puddingpulver	15 g	50	BE-Berechnung
Saucenbinder	15 g	55	Besser pflanzliche Bindemittel (z. B. Nestargel, Biobin)

Obst

Lebensmittel	1 BE entspricht	Kalorien [kcal]	Hinweis
Ananas	95 g	55	–
Apfel	105 g	55	–
Apfel, getrocknet	20 g	55	–
Apfelmus	65 g	50	–
Apfelsinen/Orangen	145 g	60	–
Aprikosen	140 g	60	–
Aprikosen, getr.	25 g	60	–
Avocado	3000 g	6630	Keine BE-Berechnung, fettreich
Banane	55 g	55	–
Banane, getrocknet	15 g	52	–
Birne	95 g	55	–
Brombeeren	195 g	85	–
Datteln, getrocknet	18 g	50	–
Erdbeeren	220 g	70	–
Feige	95 g	55	–
Feige, getrocknet	20 g	55	–
Grapefruit	135 g	60	–
Heidelbeeren	65 g	50	–
Himbeeren	250 g	85	–
Honigmelone	95 g	50	–
Johannisbeeren, rot	245 g	80	–
Johannisbeeren, schwarz	195 g	75	–
Johannisbeeren, weiß	180 g	55	–
Kirschen, süß	90 g	55	–
Kirschen, sauer	120 g	65	–
Kiwi	130 g	65	–

Obst

Lebensmittel	1 BE entspricht	Kalorien [kcal]	Hinweis
Mandarinen	120 g	55	–
Mango	95 g	55	–
Melone, grün	225 g	55	–
Mirabellen	80 g	55	–
Nektarinen	95 g	50	–
Oliven, grün	665 g	885	Keine BE-Berechnung, fettreich
Oliven, schwarz	245 g	860	Keine BE-Berechnung, fettreich
Papaya	500 g	65	Keine BE-Berechnung
Passionsfrucht	125 g	80	–
Pfirsich	130 g	55	–
Pflaumen	120 g	60	–
Pflaume, getrocknet	25 g	55	–
Preiselbeeren	195 g	70	–
Quitten	165 g	60	–
Rosinen	19 g	50	–
Stachelbeeren	170 g	65	–
Wassermelone	145 g	55	–
Weintrauben	80 g	55	–
Zitronen	375 g	135	Keine BE-Berechnung

Obst ist reich an Kohlenhydraten, wasserlöslichen Vitaminen und Mineralstoffen. Die Ballaststoffe sorgen für eine relativ langsame Blutzuckersteigerung. Je weniger verarbeitet Obst ist, desto milder ist die Blutzuckersteigerung. Im Rahmen einer gemischten Mahlzeit mit Brot und/oder Milchprodukten verzögert sich die Blutzuckersteigerung weiter. Diabetiker dürfen alle Obstsorten essen.

- Typ 1: BE-Berechnung
- Typ 2: täglich zwei Obstportionen, jeweils mindestens 130 g

PIKANTE KÖSTLICHKEITEN

Pikante Köstlichkeiten

Die würzigen Backrezepte eignen sich als Mittagsmahlzeit, als Snack für zwischendurch oder zum Abendessen. Pikant Gebackenes können Sie in vielen Varianten zubereiten, sodass auch für Ihren Geschmack etwas dabei ist. Die Rezepte sind mit wenigen Änderungen für übergewichtige Diabetiker geeignet. Wichtig ist hierbei nur, dass Fett und fettreiche Zutaten sparsam verwendet werden. Dafür sollten aber reichlich Kräuter und Gewürze sowie viel frisches Gemüse zum Einsatz kommen.

Rezept Seite 36

Spinatpizza

1 Portion enthält:
544 Kilokalorien/
2273 Kilojoule
30 g Eiweiß
25 g Fett
47 g Kohlenhydrate
10 g Ballaststoffe
3 BE

Zutaten für 4 Portionen:

Für den Teig:
175 g Weizenvollkornmehl, 75 g Weizenmehl, $1/2$ Päckchen Trockenhefe, 25 g Diätmargarine, $1/2$ TL Fruchtzucker, $1/2$ TL Salz, $1/2$ TL gemahlener Pfeffer, $1/8$ l Milch

Für den Belag:
1 kleine Zwiebel (60 g), 100 g gekochter Schinken, 1 EL Sonnenblumenöl, 500 g Spinat, 2 Knoblauchzehen, $1/2$ TL Salz, $1/4$ TL frisch geriebene Muskatnuss, 1 EL Zitronensaft, 400 g Tomaten, $1/4$ TL gemahlener Pfeffer, 150 g geriebener Gouda

Zubereitungszeit: etwa 95 Minuten, Foto Seite 34/35

- Mehl in eine Schüssel sieben, mit Hefe mischen. Margarine, Zucker, Salz, Pfeffer und Milch erwärmen und zum Mehl geben. Mit den Knethaken des Handrührgerätes in etwa 5 Minuten zu glattem Teig verarbeiten. An einem warmen Ort stehen lassen, bis er doppelt so hoch ist. Teig zu einer runden Platte von etwa 35 cm Durchmesser ausrollen und auf ein mit Backpapier ausgelegtes Blech legen.
- Zwiebel und Schinken in Würfel schneiden. Zusammen in heißem Öl andünsten. Spinat verlesen, gründlich waschen, tropfnass in einen Topf geben und zugedeckt dämpfen lassen, bis die Blätter zusammenfallen. Abtropfen lassen und mit den Würfeln vermischen.
- Knoblauchzehen schälen, fein würfeln, unter die Spinatmasse geben und mit Salz, Muskat und Zitronensaft abschmecken. Die Masse auf dem Boden verteilen. Die in Scheiben geschnittenen Tomaten auf dem Spinat verteilen und mit Pfeffer würzen. Käse über die Pizza streuen, nochmals gehen lassen, bis der Teig doppelt so hoch ist.
- Im vorgeheizten Backofen bei 200–225 °C (Umluft 180–200 °C, Gas Stufe 3–4) 25 bis 30 Minuten backen.

Spinat-Schafskäse-Tarte

1 Portion enthält:
664 Kilokalorien/
2776 Kilojoule
28 g Eiweiß
35 g Fett
58 g Kohlenhydrate
12 g Ballaststoffe
4 BE

Zutaten für 4 Portionen:

Für den Teig:
300 g Weizenvollkornmehl, 1 EL Fruchtzucker, 1 Päckchen Trockenhefe, $^1/_2$ TL Salz, 150 ml Milch, 2 EL Sonnenblumenöl, 1 TL Sonnenblumenöl zum Einfetten

Für den Belag:
2 Schalotten (30 g), 2 Knoblauchzehen, 4 TL Olivenöl, 600 g Tiefkühl-Blattspinat, $^1/_2$ TL Salz, $^1/_4$ TL gemahlener Pfeffer, 2 TL Curry, 4 EL Kondensmilch, 100 g Schafskäse, 300 g Tomaten, 100 g Mozzarella, 20 g Oliven

Zubereitungszeit: etwa 65 Minuten

- Mehl in eine Schüssel sieben. Fruchtzucker, Hefe und Salz dazugeben. Die Milch mit dem Olivenöl kurz erwärmen und über das Mehl gießen. Mit den Knethaken des Handrührgerätes zu einem geschmeidigen Teig verarbeiten. Falls nötig, noch etwas lauwarmes Wasser zufügen.
- Den Teig für 10 bis 15 Minuten an einem warmen Ort gehen lassen.
- Eine eingefettete Springform (Durchmesser: 28 cm) mit dem Hefeteig auskleiden. Den Teig 5 Minuten im vorgeheizten Backofen bei 175 °C (Umluft 150 °C, Gas Stufe 3) vorbacken.
- Schalotten und Knoblauchzehen abziehen, in kleine Würfel schneiden. Öl in einem Topf erhitzen und Schalotten- und Knoblauchwürfel darin andünsten. Den aufgetauten Spinat dazugeben und kurz mitdünsten. Mit den Gewürzen abschmecken, die Kondensmilch dazugeben und den fein gewürfelten Schafskäse untermischen.
- Die Spinatmasse auf den vorgebackenen Teig geben, mit den in Scheiben geschnittenen Tomaten, dem gewürfelten Mozzarella und den Oliven belegen.
- Die Tarte in 15 bis 20 Minuten fertig backen.

PIKANTE KÖSTLICHKEITEN

Quiche Lorraine

1 Portion enthält:
604 Kilokalorien/
2524 Kilojoule
22 g Eiweiß
38 g Fett
43 g Kohlenhydrate
2 g Ballaststoffe
3 BE

Zutaten für 4 Portionen:

Für den Teig:
200 g Weizenmehl, 1 Prise Salz,
100 g kalte Butter oder Diätmargarine,
75 ml Wasser, $1/2$ TL Sonnenblumenöl
zum Einfetten

Für die Füllung:
2 Schalotten, 50 g geräucherter Schinken in dünnen Scheiben, 1 EL Sonnenblumenöl, 1 EL Weizenmehl, $3/8$ l kalte Milch, 3 Eier, $1/2$ TL Salz, 1–2 TL Paprikapulver, 50 g geriebener Emmentaler

Zubereitungszeit: etwa 90 Minuten

- Für den Teig das Mehl auf eine Arbeitsplatte sieben und das Salz darüber streuen. Das Fett in kleine Stücke schneiden und darauf verteilen. Alle Zutaten mit einem Messer oder einer Teigkarte klein hacken, mischen und mit den Händen zusammenkneten. In die Mitte eine kleine Mulde drücken, das Wasser hineingießen und rasch unter den Teig mengen. Den Teig ausrollen, in die gefettete Form (Durchmesser: 28 cm) geben und 4 Stunden kalt stellen.
- Für die Füllung die Schalotten schälen und fein würfeln. Schinken in kleine Würfel schneiden. Öl in einer Pfanne erhitzen. Zwiebel- und Schinkenwürfel darin braten, bis beides leicht zu bräunen beginnt.
- Das Mehl in wenig Milch anrühren. Die Eier mit der übrigen Milch anrühren und das Mehl untermischen. Die Eiermilch mit Salz und Paprikapulver abschmecken.
- Den Boden der Quiche mit einer Gabel mehrmals einstechen. Die Zwiebel- und Schinkenwürfel auf dem Boden verteilen, den Käse darüber streuen und die Eiermilch darüber gießen.
- Die Quiche im vorgeheizten Backofen etwa 30 Minuten bei 250 °C (Umluft 230 °C, Gas Stufe 5) backen. Wenn die Oberfläche zu rasch bräunt, diese mit Backpapier abdecken.

Spargelquiche

1 Portion enthält:
620 Kilokalorien/ 2592 Kilojoule
18 g Eiweiß
43 g Fett
40 g Kohlenhydrate
5 g Ballaststoffe
3 BE

Zutaten für 3 Portionen:

Für den Teig:
200 g Weizenmehl, 1 Prise Salz, 100 g kalte Butter oder Diätmargarine, 75 ml Wasser, 6 kleine Quicheförmchen (Durchmesser: 10 cm), 1 TL Sonnenblumenöl zum Einfetten

Für die Füllung:
750 g grüner Spargel, 1 TL Salz, 1 Spritzer flüssiger Süßstoff, 3 Eier, $^1/_4$ l Schlagsahne, 1 Prise Cayennepfeffer, 50 g geriebener Emmentaler

Zubereitungszeit: etwa 80 Minuten

- Aus Mehl, Salz, Fett und Wasser einen Mürbeteig herstellen, wie im Rezept »Quiche Lorraine« (siehe linke Seite) beschrieben. Die gefetteten Förmchen mit dem Teig auslegen und anschließend 4 Stunden kalt stellen.
- Die unteren Drittel der Spargelstangen schälen, die Stangen in etwa 5 cm lange Stücke schneiden. In einem Topf mit Wasser bedecken und mit $^1/_2$ TL Salz und Süßstoff etwa 7 Minuten leicht köcheln lassen.
- Die Teigböden mehrmals mit einer Gabel einstechen. 1 Ei trennen und etwas Eiweiß auf jeden Teigboden streichen.
- Das restliche Eiweiß mit dem Eigelb, den übrigen Eiern, der Sahne und dem Cayennepfeffer gut verquirlen und anschließend mit $^1/_2$ TL Salz abschmecken.
- Den Spargel gründlich abtropfen lassen, jeweils auf den Quicheböden verteilen, den Käse darüber streuen und mit der Eiersahne übergießen.
- Die Quiches im vorgeheizten Backofen bei 250 °C (Umluft 230 °C, Gas Stufe 5) 20 bis 25 Minuten backen. Wenn die Oberfläche zu schnell bräunt, diese mit Backpapier abdecken.

PIKANTE KÖSTLICHKEITEN

Curry-Hackfleisch-Strudel

1 Portion enthält:
262 Kilokalorien/
1095 Kilojoule
17 g Eiweiß
16 g Fett
13 g Kohlenhydrate
3 g Ballaststoffe
1 BE

Zutaten für 10 Portionen:

Für den Teig:
125 g Weizenvollkornmehl, 1 Ei,
1/2 TL Salz, 4 EL Wasser, 2 EL Sonnenblumenöl

Für die Füllung:
1 Bund Frühlingszwiebeln (150 g),
500 g gemischtes Hackfleisch,
1 EL Sonnenblumenöl, 2 EL Curry,
1/4 TL gemahlener Pfeffer, 1/2 TL Salz,
2 EL Weizenvollkornmehl zum Bearbeiten,
150 g Tiefkühl-Mais, 2 EL Kondensmilch,
1 EL Sesamsamen

Zubereitungszeit: etwa 75 Minuten, Foto rechts

- Für den Teig Mehl in eine Schüssel sieben und mit Ei, Salz, Wasser und 2 EL Öl vermischen. Mit den Knethaken des Handrührgerätes zu einem Strudelteig verarbeiten.
- Teig aus der Schüssel nehmen und mit den Händen auf der bemehlten Arbeitsfläche zu einem glatten Teig kneten. Den Teig zu einer Kugel formen, in Folie wickeln und bei Zimmertemperatur 30 Minuten ruhen lassen.
- Frühlingszwiebeln waschen, putzen und in Ringe schneiden. Hackfleisch in 1 EL Öl anbraten, Curry dazugeben und kurz anschwitzen. Frühlingszwiebeln unterheben, mit Salz und Pfeffer würzen und auskühlen lassen.
- Den Teig auf einem bemehlten Geschirrtuch ausrollen, ausziehen und mit Hackmasse bestreichen, die Maiskörner darüber streuen und den Strudel aufwickeln.
- Auf ein mit Backpapier ausgelegtes Blech geben, mit der Kondensmilch bestreichen und den Strudel mit Sesam bestreuen.
- Im vorgeheizten Backofen bei 225 °C (Umluft 200 °C, Gas Stufe 4) 25 bis 30 Minuten backen und mit einer Tomatensauce servieren.

PIKANTE KÖSTLICHKEITEN

Wirsingtorte

1 Stück enthält:
169 Kilokalorien/
708 Kilojoule
8 g Eiweiß
8 g Fett
16 g Kohlenhydrate
3 g Ballaststoffe
1 BE

Zutaten für 12 Stücke:

Für den Teig:
250 g Weizenmehl, 65 g kalte Butter oder Sonnenblumenmargarine, 1 Eigelb, 1 TL Salz, einige EL Wasser, 1 TL Sonnenblumenöl zum Einfetten

Für die Füllung:
900 g Tiefkühl-Wirsing, 1 kleine Zwiebel (50 g), 80 g gekochter Schinken, 50 ml Milch, 10 g Weizenmehl, 1 Eiweiß, $1/4$ TL Salz, $1/2$ TL gemahlener Pfeffer, $1/4$ TL frisch geriebener Muskat, 100 g Schmelzkäsescheiben (30 % F. i. Tr.)

Zubereitungszeit: etwa 95 Minuten

- Für den Teig das Mehl auf ein Brett sieben, die Butter in Stücken darauf setzen. Mit Eigelb und Salz zu einem glatten Teig verarbeiten. Wenn nötig, etwas Wasser hinzufügen.
- Die Teigmasse in Folie einwickeln und 1 Stunde kalt stellen.
- Eine Springform (Durchmesser: 24 cm) einfetten.
- Den Wirsing auftauen und gut abtropfen lassen.
- Die Zwiebel schälen und in kleine Würfel schneiden. Den Schinken ebenfalls würfeln.
- Die Milch, das Mehl, das Eiweiß und die Gewürze verquirlen.
- Den Teigboden in die Springform geben, dabei einen Rand formen.
- Den Wirsing, die Zwiebel- und Schinkenwürfel hineinfüllen und die Sauce darüber gießen. Zuletzt den Käse in Streifen darüber legen.
- Im vorgeheizten Backofen bei 200 °C (Umluft 180 °C, Gas Stufe 3) 30 bis 45 Minuten backen.

Tipp

Anstatt Wirsing eignen sich auch andere Blattgemüse wie Spinat oder Mangold für diesen Gemüsekuchen.

Lauchtorte

1 Portion enthält:
505 Kilokalorien/
2110 Kilojoule
17 g Eiweiß
34 g Fett
32 g Kohlenhydrate
5 g Ballaststoffe
2 BE

Zutaten für 6 Portionen:

Für den Teig:
200 g Weizenmehl, 1 Prise Salz,
100 g kalte Diätmargarine oder Butter,
75 ml Wasser

Für die Füllung:
2 Stangen Lauch (400 g), 1 Möhre (150 g),
1 EL Sojaöl, 60 g Sonnenblumenkerne,
3 Eier, 1 EL Weizenmehl, $1/8$ l kalte Milch,
$1/4$ l saure Sahne, $1/2$ TL Salz, $1/2$ TL gemahlener Pfeffer, 80 g geriebener Emmentaler

Zubereitungszeit: etwa 90 Minuten

- Mehl auf eine Arbeitsplatte sieben, mit Salz bestreuen und das Fett in Stückchen darauf schneiden. Alles mit einem Messer oder einer Teigkarte klein hacken, mischen und mit den Händen zusammenkneten. In die Mitte eine kleine Mulde drücken, Wasser hineingeben und rasch unter den Teig kneten. Teig ausrollen und in die gefettete Form (Durchmesser: 28 cm) geben und 4 Stunden kalt stellen.
- Lauch und Möhre waschen, putzen und in dünne Ringe bzw. Scheiben schneiden. Öl erhitzen, Sonnenblumenkerne unter Rühren anrösten, Möhren und etwas Wasser zufügen und bei schwacher Hitze etwa 7 Minuten dünsten. Die Lauchringe dazugeben und zugedeckt weitere 5 Minuten dünsten.
- Den Boden mit einer Gabel mehrmals einstechen. 1 Ei trennen und den Boden mit etwas Eiweiß bestreichen. Das Mehl in wenig Milch anrühren. Restliches Eiweiß mit Eigelb, den beiden Eiern, der sauren Sahne, der übrigen Milch und dem angerührten Mehl verquirlen und mit Salz und Pfeffer abschmecken.
- Das abgekühlte Gemüse auf dem Boden verteilen, mit Käse bestreuen, die Eiermilch darüber gießen. Die Lauchtorte im vorgeheizten Backofen bei 250 °C (Umluft 230 °C, Gas Stufe 5) etwa 30 Minuten backen.

PIKANTE KÖSTLICHKEITEN

APPETITLICHES KLEINGEBÄCK

Appetitliches Kleingebäck

Wenn der verlockende Duft von frischem Gebäck, Brot oder Baguette durch die Wohnung zieht und die Familie oder Gäste sich um den Tisch versammeln, kommt wohlige Stimmung auf. Das Zuckerverbot für Diabetiker ist schon lange überholt. Heute weiß man, dass Diabetiker sehr wohl Süßes essen können, wenn sie dabei einige Dinge beachten. Falls sie gerne einmal ein Plätzchen oder einen Keks naschen, dann sind unsere Rezepte genau das Richtige für Sie. Genießen Sie außerdem gefülltes Gebäck und Törtchen, sie sind immer eine kleine »Sünde« wert.

Apfeltaschen

1 Stück enthält:
- 79 Kilokalorien/ 328 Kilojoule
- 3 g Eiweiß
- 2 g Fett
- 12 g Kohlenhydrate
- 1 g Ballaststoffe
- 1 BE

Zutaten für 25 Stück:

Für den Teig:
200 g Magerquark, 60 ml Milch, 1 TL Süßstoff, 1 Prise Salz, $^1/_2$ TL Zitronenaroma, 45 ml Pflanzenöl, 325 g Weizenmehl (Type 1050), 1 Päckchen Backpulver

Für die Füllung:
200 g Äpfel, 1 EL Zitronensaft, 40 g Rosinen, 1 TL Zimt, 1 EL Rum, 1 EL Milch

Zubereitungszeit: etwa 90 Minuten

- Quark, Milch, Süßstoff, Salz und Zitronenaroma in einer Schüssel mit dem Handrührgerät verquirlen. Das Öl mit einem Esslöffel nach und nach zugeben und unter die Quarkmasse rühren.
- Das Mehl mit dem Backpulver mischen und über die Quarkmasse sieben. Die Quirle gegen die Knethaken austauschen und den Teig kneten, bis er glatt ist.
- Den Teig 30 Minuten im Kühlschrank ruhen lassen.
- Die Äpfel waschen, schälen und in kleine Stücke schneiden, sofort mit dem Zitronensaft beträufeln. Die Rosinen waschen und mit Zimt und Rum unter die Apfelstücke mischen.
- Den Teig anschließend dünn ausrollen. Mit einer Form (Durchmesser: 10 cm) Kreise ausstechen.
- Diese mit etwas Apfel-Rosinen-Masse belegen, die Ränder mit Milch bestreichen und zusammenklappen.
- Ein Backblech mit Backpapier auslegen, die Apfeltaschen auf das Backblech setzen. Im vorgeheizten Backofen bei 200 °C (Umluft 180 °C, Gas Stufe 3) 30 Minuten backen.
- Nach dem Backen nochmals mit Milch bestreichen.

Tipp

Damit die Apfeltaschen saftiger werden, streichen Sie einige Esslöffel glatt gerührten Magerquark auf die ausgestochenen Teigstücke.

Quarktaschen mit Aprikosen

1 Stück enthält:
- 84 Kilokalorien/ 349 Kilojoule
- 3 g Eiweiß
- 3 g Fett
- 12 g Kohlenhydrate
- 1 g Ballaststoffe
- 1 BE

Zutaten für 20 Stück:
150 g Magerquark, 60 ml Milch, 1 Prise Salz, $1/2$ Fläschchen Zitronenaroma, $1/2$ TL Süßstoff, 45 ml Sonnenblumenöl, 300 g Weizenmehl, 1 Päckchen Backpulver, 200 g frische Aprikosen, 20 ml Milch zum Bestreichen

Zubereitungszeit: etwa 60 Minuten

- Quark, Milch, Salz und Zitronenaroma verquirlen und nach Geschmack mit Süßstoff süßen. Das Öl mit einem Esslöffel nach und nach zugeben und unterrühren.
- Mehl mit Backpulver mischen. Die Hälfte über die Quarkmasse sieben und unterheben. Restliches Mehl zugeben und mit den Knethaken des Handrührgerätes zu einem glatten Teig verkneten.
- Den Teig etwa 30 Minuten in den Kühlschrank stellen.
- Die Aprikosen waschen, halbieren und entsteinen.
- Den Teig dünn ausrollen und mit einer Form (Durchmesser: 10 cm) Kreise ausstechen.
- Die Kreise mit je einer halben Aprikose belegen, die Teigränder mit Milch bestreichen und umklappen. Die Taschen auf ein mit Backpapier ausgelegtes Blech legen.
- Im vorgeheizten Backofen bei 200 °C (Umluft 180 °C, Gas Stufe 3) 30 Minuten backen.
- Anschließend nochmals mit Milch bestreichen.

Tipp

Lecker schmeckt auch eine Füllung aus Quark, der mit Zimt, Vanillemark und Süßstoff angerührt ist.

APPETITLICHES KLEINGEBÄCK

Nusshörnchen

1 Stück enthält:
180 Kilokalorien/
753 Kilojoule
5 g Eiweiß
8 g Fett
23 g Kohlenhydrate
(davon 5 g Fruchtzucker)
1 g Ballaststoffe
1 BE

Zutaten für 14 Stück:

Für den Teig:
150 g Magerquark, 60 ml Sonnenblumenöl, 60 ml Milch, 50 g Fruchtzucker, Mark von 1 Vanilleschote, 1 Prise Salz, 275 g Weizenmehl, 1 Päckchen Backpulver

Für die Füllung:
$1/4$ l Milch, 20 g Fruchtzucker, 20 g Puddingpulver, 50 g gemahlene Haselnüsse, $1/2$ Eigelb, $1/2$ TL Süßstoff, 1 TL Zimt

Zum Bestreichen:
$1/2$ Eigelb, 2 EL Kondensmilch (4 % Fett)

Zubereitungszeit: etwa 90 Minuten

- Für die Füllung aus Milch, Fruchtzucker und Puddingpulver einen Pudding nach Packungsanleitung herstellen.
- Haselnüsse in einer beschichteten Pfanne ohne Fettzugabe rösten und mit dem Eigelb unter den Pudding heben. Alles mit Süßstoff und Zimt abschmecken und erkalten lassen.
- Für den Teig Quark mit Öl, Milch, Fruchtzucker, Vanillemark und Salz verrühren. Mehl und Backpulver vermischen und unterkneten.
- Den Teig ausrollen und in Dreiecke schneiden. Die Dreiecke mit der Füllung bestreichen und von einer Seite her aufrollen.
- Die Hörnchen mit Eigelb und Kondensmilch bestreichen und auf ein mit Backpapier belegtes Blech legen.
- Im vorgeheizten Backofen bei 175 °C (Umluft 150 °C, Gas Stufe 3) 20 Minuten backen.

Tipp

Sie können anstelle der Haselnüsse in Zitronenwasser eingeweichte und verlesene Rosinen verwenden, die unter den fertigen Pudding gehoben werden.

Mandeltörtchen

1 Stück enthält:
- 104 Kilokalorien/ 433 Kilojoule
- 3 g Eiweiß
- 5 g Fett
- 12 g Kohlenhydrate (davon 10 g Fruchtzucker)
- 1 g Ballaststoffe
- 1 BE

Zutaten für 8 Stück:
40 g Diätmargarine, 80 g Fruchtzucker, Mark von 1 Vanilleschote, 125 g Weizenmehl, 1 Msp. Backpulver, 100 ml Buttermilch, 1 Eiweiß, 8 Papierförmchen (Durchmesser: 6 cm), 2 EL Mandelblättchen

Zubereitungszeit: etwa 50 Minuten, Foto unten

- Margarine mit dem Fruchtzucker und Vanillemark in einer Schüssel schaumig rühren.
- Mehl mit dem Backpulver mischen und abwechselnd mit der Buttermilch unter die Margarinecreme rühren.
- Eiweiß steif schlagen und unterheben.
- Teig in die Papierförmchen füllen, mit Mandelblättchen bestreuen.
- Im vorgeheizten Backofen bei 175 °C (Umluft 150 °C, Gas Stufe 3) etwa 30 Minuten backen.
- Die Törtchen abkühlen lassen und servieren.

APPETITLICHES KLEINGEBÄCK

Sauerkirsch-Nuss-Törtchen

1 Stück enthält:
282 Kilokalorien/
1179 Kilojoule
5 g Eiweiß
16 g Fett
29 g Kohlenhydrate
(davon 8 g Fruchtzucker)
2 g Ballaststoffe
2 BE

Zutaten für 18 Stück:
450 g Weizenmehl, 1 Päckchen Backpulver, $1/4$ l Milch, 250 g Diätmargarine, 4 Eier, 150 g Fruchtzucker, 100 g gemahlene Haselnüsse, $1/2$ Fläschchen Bittermandelöl, 1 Glas Sauerkirschen (200 g, ohne Zucker), 18 Papierförmchen (Durchmesser: 6 cm)

Zubereitungszeit: etwa 50 Minuten

- Aus gesiebtem Mehl, Backpulver, Milch, Margarine, Eiern, Fruchtzucker, Nüssen und Bittermandelöl einen Rührteig herstellen.
- Die Sauerkirschen gut abtropfen lassen, etwas zerkleinern und unter den Teig heben.
- Den Teig in die Förmchen verteilen.
- Im vorgeheizten Backofen bei 200 °C (Umluft 180 °C, Gas Stufe 3) etwa 20 Minuten backen.

Biskuittörtchen

1 Stück enthält:
98 Kilokalorien/
411 Kilojoule
5 g Eiweiß
5 g Fett
8 g Kohlenhydrate
1 g Ballaststoffe
1 BE

Zutaten für 7 Stück:
4 Eier, 2–3 TL Süßstoff, 60 g Weizenmehl, 4 g Nestargel, 7 Papierförmchen (Durchmesser: 6 cm), 10 g Butter zum Einfetten, 20 g Semmelbrösel zum Ausstreuen

Zubereitungszeit: etwa 35 Minuten

- Eier und Süßstoff cremig rühren. Gesiebtes Mehl und Nestargel mischen und unterrühren.
- Die gefetteten Förmchem mit Semmelbröseln ausstreuen und den Teig einfüllen.
- Im vorgeheizten Backofen bei 175 °C (Umluft 150 °C, Gas Stufe 3) etwa 10 Minuten backen.

Tipp
Die abgekühlten Törtchen können mit Obst beliebig belegt werden. Das verwendete Obst mit in die BE-Berechnung einbeziehen.

Müsliriegel

1 Stück enthält:
157 Kilokalorien/
657 Kilojoule
4 g Eiweiß
9 g Fett
14 g Kohlenhydrate
(davon 3 g Fruchtzucker)
3 g Ballaststoffe
1 BE

Zutaten für 10 Stück:
100 g Vollkornhaferflocken, 50 g gehackte Mandeln, 50 g Sonnenblumenkerne, 30 g Leinsamen, 30 g Sonnenblumenmargarine, 30 g Fruchtzucker, 1 EL Zitronensaft, 60 g Rosinen

Zubereitungszeit: etwa 45 Minuten

- Haferflocken, Mandeln, Sonnenblumenkerne und Leinsamen vermengen. Margarine in einem Topf erhitzen und die Körnermischung darin anrösten.
- Zucker, Zitronensaft und Rosinen dazugeben und kurz mitrösten, bis eine leichte Bräunung eingetreten ist.
- Die warme Masse sofort auf einem Backblech verteilen und mit dem Nudelholz zu einer Platte (30 x 20 cm) ausrollen und festdrücken.
- Im Backofen bei 150 °C (Umluft 130 °C, Gas Stufe 2) etwa 10 Minuten trocknen.
- Aus dem Ofen nehmen. Nach 15 Minuten in zehn schmale Riegel schneiden und über Nacht auskühlen lassen.

Hefeschnecken mit bunten Beeren

1 Stück enthält:
258 Kilokalorien/
1079 Kilojoule
7 g Eiweiß
7 g Fett
42 g Kohlenhydrate
(davon 6 g Fruchtzucker)
3 g Ballaststoffe
3 BE

Zutaten für 10 bis 12 Stück:

Für den Teig:
$1/4$ l Milch, 1 Würfel Hefe (42 g),
55 g Fruchtzucker, 500 g Weizenmehl,
75 g Sonnenblumenmargarine, 1 Prise Salz,
1 TL Sonnenblumenöl

Für die Füllung:
$1/4$ l Milch, $1/2$ Päckchen Vanillepuddingpulver, $1/2$ TL flüssiger Süßstoff

Für den Belag:
150 g gemischte Tiefkühl-Beerenfrüchte,
40 g Diabetiker-Aprikosenkonfitüre

Zubereitungszeit: etwa 95 Minuten, Foto rechts

- Für die Füllung 4 EL Milch mit Puddingpulver und Süßstoff verrühren. Die restliche Milch aufkochen lassen, das Puddingpulver einrühren, nochmals aufkochen lassen und kalt stellen.
- Für den Teig Milch erwärmen, Hefe und Zucker darin auflösen. 300 g Mehl in eine Schüssel sieben. Warme Milch, Margarine und Salz zugeben und zu einem geschmeidigen Teig verkneten. Abgedeckt an einem warmen Ort 10 bis 20 Minuten gehen lassen.
- Das restliche Mehl unterkneten und abgedeckt nochmals 15 Minuten gehen lassen. Teig wieder kneten, zu einem etwa 30 bis 40 cm großen Rechteck ausrollen. Mit Öl bestreichen und von einer Seite her aufrollen. Die Teigrolle in 10 bis 12 gleich große Stücke schneiden und auf ein mit Backpapier ausgelegtes Blech legen.
- In die Mitte jeder Schnecke eine Vertiefung drücken und mit dem Pudding füllen. Die aufgetauten Beeren auf dem Pudding verteilen.
- Im vorgeheizten Backofen bei 175 °C (Umluft 150 °C, Gas Stufe 3) 25 bis 30 Minuten backen.
- Aprikosenkonfitüre glatt rühren und die Teigflächen der noch heißen Schnecken damit bestreichen.

APPETITLICHES KLEINGEBÄCK

Spritzgebäck

1 Stück enthält:
95 Kilokalorien/
398 Kilojoule
1 g Eiweiß
4 g Fett
13 g Kohlenhydrate
(davon 3 g Fruchtzucker)
0 g Ballaststoffe
1 BE

Zutaten für etwa 30 Stück:
150 g weiche Diätmargarine oder Butter, 100 g Fruchtzucker, abgeriebene Schale von 1 Zitrone, Mark von $1/2$ Vanilleschote, 250 g Weizenmehl, 125 g Speisestärke, $1/8$ l Milch

Zubereitungszeit: etwa 60 Minuten

- Fett und Fruchtzucker mit den Quirlen des Handrührgerätes schaumig schlagen. Zitronenschale und Vanillemark unterrühren.
- Mehl und Stärke mischen, in ein Mehlsieb geben und portionsweise zusammen mit der Milch unter den Teig rühren.
- Den Teig in einen Spritzbeutel mit Sterntülle füllen. Blech mit Backpapier auslegen und Teig in Kreisen oder S-Form aufspritzen.
- Im vorgeheizten Backofen bei 175 °C (Umluft 150 °C, Gas Stufe 3) in 12 bis 15 Minuten goldgelb backen. Danach vorsichtig ablösen und auf einem Kuchengitter gut auskühlen lassen.

Zitronenplätzchen

1 Stück enthält:
96 Kilokalorien/
401 Kilojoule
2 g Eiweiß
4 g Fett
13 g Kohlenhydrate
(davon 3 g Fruchtzucker)
1 g Ballaststoffe
1 BE

Zutaten für 25 Stück:
300 g Weizenmehl (Type 1050), $1/2$ TL Backpulver, 100 g Diätmargarine oder Butter, 2 Eier, 60 ml Milch, 1–2 TL abgeriebene Zitronenschale, 150 g Diabetiker-Erdbeerkonfitüre, 1 EL Fruchtzucker

Zubereitungszeit: etwa 40 Minuten

- Mehl, Backpulver, Fett, Eier, Milch und Zitronenschale mit den Knethaken des Handrührgerätes zu einem glatten Teig verarbeiten. Den Teig in Folie eingewickelt 30 Minuten kalt stellen.
- Den Teig zwischen Klarsichtfolie zu einem Rechteck (20 x 40 cm) ausrollen, die Folie entfernen und in 50 Quadrate (4 x 4 cm) schneiden.
- Die Hälfte der Quadrate mit der glatt gerührten Erdbeerkonfitüre bestreichen, die übrigen darauf legen und die Ränder leicht festdrücken.
- Die Plätzchen auf ein mit Backpapier ausgelegtes Blech setzen. Im vorgeheizten Backofen bei 200 °C (Umluft 180 °C, Gas Stufe 3) in etwa 15 Minuten goldgelb backen.
- Danach auf einem Kuchengitter gut auskühlen lassen. Anschließend mit Fruchtzucker bestäuben.

Hefefladen

1 Stück enthält:
202 Kilokalorien/
846 Kilojoule
8 g Eiweiß
1 g Fett
39 g Kohlenhydrate
8 g Ballaststoffe
3 BE

Zutaten für 4 Stück:
175 g Roggenvollkornmehl, 75 g Weizenvollkornmehl (Type 1050), 190 ml lauwarmes Wasser, $1/2$ TL Salz, $1/2$ Päckchen Trockenhefe, 1 TL getrockneter Salbei und Thymian

Zubereitungszeit: etwa 60 Minuten

- Mehle miteinander mischen, mit Wasser, Salz und Hefe zu einem glatten Teig verkneten. Die Kräuter unterkneten.
- Aus dem Teig vier flache Fladen formen. Auf einem Backblech 20 Minuten an einem warmen Ort gehen lassen.
- Die Fladen mit Wasser bestreichen und mit etwas Mehl bestäuben.
- Im vorgeheizten Backofen bei 225 °C (Umluft 200 °C, Gas Stufe 4) etwa 20 Minuten backen.

Baguette

1 Stück enthält:
324 Kilokalorien/
1358 Kilojoule
13 g Eiweiß
4 g Fett
61 g Kohlenhydrate
26 g Ballaststoffe
5 BE

Zutaten für 4 Stück:
200 g Weizenvollkornmehl, 200 g Weizenmehl, 20 g Hefe, 200 ml lauwarmes Wasser, $1/2$ TL Salz, 2 TL Sonnenblumenmargarine

Zubereitungszeit: etwa 70 Minuten

- Mehl in eine Schüssel sieben, in die Mitte eine Mulde drücken. Hefe hineinbröckeln und mit dem Wasser übergießen. Den Hefeansatz mit etwas Mehl vom Muldenrand bestreuen.
- Die Schüssel mit einem Küchentuch abdecken und an einem warmen Ort etwa 30 Minuten gehen lassen.
- Mehl und Salz unter den Teigansatz arbeiten, etwa 5 Minuten kräftig durchkneten und zum Schluss die geschmolzene Margarine unterarbeiten.
- Aus dem Teig vier gleich große Baguettes formen. Auf ein mit Backpapier ausgelegtes Backblech setzen, abdecken und an einem warmen Ort bis zur doppelten Größe aufgehen lassen.
- Die Brote einige Male mit einem scharfen Messer schräg einritzen.
- Im vorgeheizten Backofen auf der mittleren Schiene etwa 30 Minuten bei 220 °C (Umluft 200 °C, Gas Stufe 4) backen.

Quarkbrötchen

1 Stück enthält:
164 Kilokalorien/
685 Kilojoule
10 g Eiweiß
2 g Fett
27 g Kohlenhydrate
3 g Ballaststoffe
2 BE

Zutaten für 8 Stück:
300 g Magerquark, 150 g Weizenmehl, 150 g Weizenvollkornmehl, 1 Päckchen und 1 TL Backpulver, 1 Ei, 1 TL Salz

Zubereitungszeit: etwa 60 Minuten

- Quark in eine Schüssel geben, Mehl mit Backpulver mischen und über den Quark sieben. Ei und Salz zugeben und mit den Knethaken des Handrührgerätes zu einem glatten Teig verkneten. Falls nötig, 1 bis 2 EL Wasser dazugeben.
- Ein Blech mit Backpapier auslegen und aus dem Teig acht gleich große Brötchen formen.
- Im vorgeheizten Backofen bei 180 °C (Umluft 160 °C, Gas Stufe 3) in etwa 30 bis 40 Minuten goldgelb backen.

Mehrkornbrötchen

1 Stück enthält:
237 Kilokalorien/
993 Kilojoule
9 g Eiweiß
11 g Fett
25 g Kohlenhydrate
2 g Ballaststoffe
2 BE

Zutaten für 6 bis 8 Stück:
250 g Weizenvollkornmehl, $1/2$ TL Salz, $1/2$ Päckchen Hefe, $1/2$ TL Fruchtzucker, 125 ml Milch, 30 g Sonnenblumenmargarine, 50 g Kürbiskerne, 50 g Sonnenblumenkerne

Zubereitungszeit: etwa 60 Minuten

- Mehl in eine Schüssel sieben, mit dem Salz vermischen. Die Hefe in eine Mulde bröckeln und mit dem Fruchtzucker verrühren.
- Milch mit Margarine erwärmen und mit den Knethaken unter das Mehl rühren. Einen geschmeidigen Teig herstellen, und diesen abgedeckt an einem warmen Ort 10 bis 20 Minuten gehen lassen.
- Die Hälfte der Körner unter den Teig arbeiten und kräftig durchkneten. Den Teig in sechs bzw. acht gleich große Stücke teilen und auf ein mit Backpapier ausgelegtes Blech setzen. Die Brötchen noch weitere 10 Minuten gehen lassen.
- Die restlichen Körner auf die Brötchen drücken. Anschließend im vorgeheizten Backofen bei 175 °C (Umluft 150 °C, Gas Stufe 3) in 20 bis 30 Minuten backen.

KUCHEN UND TORTEN

Leckere Kuchen und Torten

Wir präsentieren Ihnen klassische und neue, kreative Rezepte für leckere Blechkuchen, schnelle Rührteige und edle Torten. Unsere Rezepte sind rasch zubereitet und versüßen Ihnen, Ihrer Familie sowie Ihren Freunden den Tag. Schmackhafte Obstsorten und frische Milchprodukte sind ebenso mit von der Partie wie wertvolles Getreide. Wir empfehlen, für die Zubereitung einen Teil des Mehles durch Vollkornmehl zu ersetzen. So bekommen Sie an der Kaffeetafel eine Extraportion Vitamine, Ballast- und Mineralstoffe.

Rezept Seite 60

Biskuitrolle mit Mokkafüllung

1 Stück enthält:
91 Kilokalorien/
382 Kilojoule
4 g Eiweiß
6 g Fett
7 g Kohlenhydrate
(davon 4 g Fruchtzucker)
0 g Ballaststoffe
1 BE

Zutaten für 18 Stücke:

Für den Teig:
5 Eier, 70 g Fruchtzucker, 3 EL warmes Wasser, 60 g Weizenmehl, 60 g Stärke, $^1/_2$ Päckchen Backpulver

Für die Füllung:
400 ml Milch, 5 g Kakaopulver, 1 EL Nescafé, 1 TL Süßstoff, 2 g Gelatine, 200 ml süße Sahne

Für die Verzierung:
1 TL Kakaopulver, 1 Msp. Zimt

Zubereitungszeit: etwa 80 Minuten, Foto Seite 58/59

- Die Eier trennen. Eigelb mit Fruchtzucker schaumig rühren, warmes Wasser zugeben. Mehl mit Stärke und Backpulver mischen, über die Eiermasse sieben und vorsichtig unterheben. Eiweiß steif schlagen und ebenfalls unterheben.
- Masse auf das mit Backpapier belegte Backblech streichen.
- Im vorgeheizten Backofen bei 225 °C (Umluft 200 °C, Gas Stufe 4) 10 Minuten backen. Dann sofort auf ein feuchtes Geschirrtuch stürzen, Papier abziehen und von der langen Seite her aufrollen.
- Für die Füllung Milch, Kakao und Nescafé aufkochen, mit Süßstoff abschmecken. Eingeweichte Gelatine unterrühren und kalt stellen.
- Sobald die Masse »Straßen« zieht, die steif geschlagene Sahne unterheben. Die abgekühlte Rolle öffnen, Füllung darauf streichen und wieder zusammenrollen.
- Das Kakaopulver mit dem Zimt vermischen und die fertige Rolle damit bestäuben.

Tipp

Als Füllung eignen sich verschiedene Cremes, die Sie einfach aus Quark, Jogurt und frischen Früchten herstellen können.

Biskuitrolle mit Konfitüre

1 Stück enthält:
170 Kilokalorien/
712 Kilojoule
5 g Eiweiß
3 g Fett
32 g Kohlenhydrate
(davon 8 g Fruchtzucker)
1 g Ballaststoffe
2 BE

Zutaten für 12 Stücke:

Für den Teig:
6 Eier, 3 EL warmes Wasser, 90 g Fruchtzucker, Mark von $1/2$ Vanilleschote, 150 g Weizenmehl, 30 g Speisestärke, $1/2$ Päckchen Backpulver

Für die Füllung:
200 g Diabetiker-Sauerkirschkonfitüre

Zubereitungszeit: etwa 60 Minuten

- Die Eier trennen. Eigelb mit Wasser, Fruchtzucker und Vanillemark schaumig rühren.
- Mehl mit Speisestärke und Backpulver mischen, über die Eigelbmasse sieben. Eiweiß steif schlagen und mit dem Mehl vorsichtig unter die Eigelbmasse heben.
- Ein Blech mit Backpapier auslegen, den Biskuitteig darauf verteilen und glatt streichen.
- Im vorgeheizten Backofen bei 190 °C (Umluft 170 °C, Gas Stufe 3) 15 bis 20 Minuten goldgelb backen.
- Biskuit sofort nach dem Backen auf ein Küchentuch stürzen, Backpapier vorsichtig abziehen. Biskuit aufrollen und abkühlen lassen.
- Die abgekühlte Rolle auseinander rollen, mit glatt gerührter Konfitüre bestreichen und wieder aufrollen.

Tipp

Schieben Sie die Biskuitmasse nach der Fertigstellung schnell in den gut vorgeheizten Backofen. Denn durch längeres Stehen kann der Teig zusammenfallen und an Lockerheit verlieren.

Erdbeerboden

1 Stück enthält:
189 Kilokalorien/
790 Kilojoule
3 g Eiweiß
10 g Fett
21 g Kohlenhydrate
(davon 8 g Fruchtzucker)
2 g Ballaststoffe
1 BE

Zutaten für 12 Stücke:

Für den Teig:
125 g Diätmargarine oder Butter,
95 g Fruchtzucker, 1 Prise Salz, 2 Eier,
65 ml Milch, 80 g Weizenmehl,
80 g Weizenvollkornmehl, $1/2$ Päckchen
Backpulver, $1/2$ TL Sonnenblumenöl
zum Einfetten

Für den Belag:
600 g Erdbeeren, $1/4$ l Wasser, 1 Päckchen
Tortenguss, $1/2$ TL flüssiger Süßstoff

Zubereitungszeit: etwa 75 Minuten

- Margarine mit Fruchtzucker und Salz schaumig schlagen, die Eier nach und nach mit der Milch unter den Teig rühren. Mehl mit Backpulver mischen, darüber sieben und zu einem glatten Teig verrühren.
- Eine Springform (Durchmesser: 26 cm) mit dem Öl auspinseln und den Teig einfüllen.
- Im vorgeheizten Backofen bei 175 °C (Umluft 150 °C, Gas Stufe 3) etwa 20 Minuten backen. Den fertigen Boden gut auskühlen lassen.
- Die Erdbeeren waschen, putzen und halbieren und den Tortenboden damit belegen.
- Wasser, Tortenguss und Süßstoff erhitzen und kurz aufkochen lassen. Den heißen Guss über die Erdbeeren gießen und erkalten lassen.

Erdbeerkranz

1 Stück enthält:
98 Kilokalorien/
410 Kilojoule
4 g Eiweiß
5 g Fett
11 g Kohlenhydrate
(davon 3 g Fruchtzucker)
1 g Ballaststoffe
$1/2$ BE

Zutaten für 12 Stücke:

Für den Teig:
$1/4$ l Wasser, 25 g Margarine, 75 g Weizenmehl, 15 g Speisestärke, 2 Eier, $1/2$ TL Backpulver, $1/2$ TL Sonnenblumenöl zum Einfetten, Mehl zum Bestäuben

Für die Füllung:
1 Päckchen gemahlene weiße Gelatine, 5 EL kaltes Wasser, 250 g Erdbeeren, 30 g Fruchtzucker, 1 EL Zitronensaft, 300 g Naturjogurt, 50 ml süße Sahne

Zubereitungszeit: etwa 90 Minuten

- Wasser und Margarine zum Kochen bringen. Mehl und Speisestärke sieben, in die kochende Flüssigkeit geben. Zu einem glatten Kloß rühren und 1 Minute erhitzen. In eine Rührschüssel geben, Eier unterrühren. Zum Schluss Backpulver zugeben.
- Teig in einen Spritzbeutel mit großer, gezackter Tülle füllen. Einen Kreis (Durchmesser: 22 cm) auf ein zuvor gefettetes und bemehltes Blech spritzen.
- Im vorgeheizten Backofen bei 220 °C (Umluft 200 °C, Gas Stufe 4) 20 Minuten backen. Während der ersten 15 Minuten Backzeit die Ofentür nicht öffnen, sonst fällt der Teig zusammen. Fertigen Gebäckkranz einmal waagerecht durchschneiden und auskühlen lassen.
- Gelatine mit Wasser anrühren.
- Erdbeeren waschen, entstielen. Zwei Drittel davon mit Fruchtzucker, Zitronensaft und Jogurt im Mixer pürieren. Gequollene Gelatine erwärmen, auflösen, unter die Jogurtmasse rühren und kühl stellen.
- Sahne steif schlagen und unter die gelierende Masse heben. Den Gebäckkranz damit füllen. Mit den restlichen Erdbeerstücken verzieren und bis zum Verzehr kühl stellen.

Quarkhefestuten

1 Stück enthält:
128 Kilokalorien/
533 Kilojoule
5 g Eiweiß
3 g Fett
19 g Kohlenhydrate
(davon 4 g Fruchtzucker)
1 g Ballaststoffe
1 BE

Zutaten für 8 Stücke:
160 g Weizenmehl, 100 g Magerquark, 30 g Fruchtzucker, 20 g Diätmargarine oder Butter, 10 g frische Hefe, 1 Ei, 1 Prise Salz, $1/2$ TL Sonnenblumenöl zum Einfetten

Zubereitungszeit: etwa 75 Minuten

- Alle Zutaten, mit Ausnahme des Öls mit dem Knethaken des Rührgerätes auf der niedrigsten Stufe kurz verrühren. Dann auf der höchsten Stufe etwa 3 Minuten rühren, bis ein glatter Teig entsteht.
- Teig in eine kleine, eingefettete Kastenform füllen und 15 Minuten an einem warmen Ort gehen lassen.
- Im vorgeheizten Backofen bei 200 °C (Umluft 180 °C, Gas Stufe 3) 40 bis 45 Minuten backen.

Kokosflockentorte

1 Stück enthält:
157 Kilokalorien/
657 Kilojoule
4 g Eiweiß
8 g Fett
18 g Kohlenhydrate
(davon 3 g Fruchtzucker)
2 g Ballaststoffe
1 BE

Zutaten für 12 Stücke:

Für den Teig:
2 Eier, 2 EL warmes Wasser, 40 g Fruchtzucker, 70 g Kokosflocken, 50 g Weizenmehl, 50 g Stärke, $1/2$ Päckchen Backpulver, Mark von 1 Vanilleschote, 1 Tropfen Bittermandelöl, $1/2$ TL Sonnenblumenöl zum Einfetten

Für die Füllung:
500 ml Milch, 50 g Schokoladenpuddingpulver, $1/2$ TL flüssiger Süßstoff, 10 g Gelatine, 80 ml süße Sahne, 2 Orangen

Zubereitungszeit: etwa 105 Minuten, Foto links

- Eier trennen. Eigelb und Wasser schaumig rühren, Fruchtzucker zugeben und so lange rühren, bis er sich aufgelöst hat.
- Die Kokosflocken, Mehl, Stärke und Backpulver unterrühren. Zum Schluss das steif geschlagene Eiweiß unterheben. Die Masse mit Vanille und Bittermandelöl abschmecken.
- Den Teig in eine gefettete Springform (Durchmesser: 28 cm) füllen.
- Im vorgeheizten Backofen bei 175 °C (Umluft 150 °C, Gas Stufe 3) 15 bis 20 Minuten backen.
- Für die Schokoladencreme den Pudding nach Packungsanleitung herstellen, mit Süßstoff süßen. Eingeweichte Gelatine zugeben, die Creme kalt stellen.
- Wenn die Masse »Straßen« zieht, die steif geschlagene Sahne unterheben. Ein Drittel der Creme auf den ausgekühlten Teig geben.
- Die Orangen mit einem scharfen Messer von der Schale und der weißen Haut befreien, die Orangenfilets herausschneiden. Den Saft auffangen und unter die restliche Creme rühren.
- Die Orangenfilets auf den Kuchen legen und die restliche Masse darüber streichen. Die Torte für mindestens 2 bis 3 Stunden im Kühlschrank abgedeckt kalt stellen. Mit Orangenfilets verzieren.

KUCHEN UND TORTEN

Feiner Schokoladenkuchen

1 Stück enthält:
301 Kilokalorien/
1258 Kilojoule
6 g Eiweiß
16 g Fett
32 g Kohlenhydrate
(davon 10 g Fruchtzucker)
3 g Ballaststoffe
2 BE

Zutaten für 8 Stücke:
100 g Weizenmehl, 1 gestrichener TL Backpulver, 1 Riegel Diät-Fruchtzuckerschokolade edelbitter (17 g), 50 g Diätmargarine oder Butter, 2 Eier, 2 EL Rum, 80 g Fruchtzucker, 50 g Kakao, 3 Tropfen Bittermandelöl, 1 Prise Salz, 1/2 TL Sonnenblumenöl zum Einfetten

Zubereitungszeit: etwa 80 Minuten

- Mehl und Backpulver in eine Rührschüssel sieben. Die fein geriebene Schokolade und alle übrigen Zutaten zufügen. Mit den Quirlen des Handrührgerätes zunächst auf der niedrigsten Stufe knapp 1 Minute verrühren. Dann auf höchster Stufe gut 2 Minuten zu einem glatten Teig rühren.
- Eine kleine Kastenform mit dem Sonnenblumenöl auspinseln und den Teig einfüllen.
- Im vorgeheizten Backofen bei 180 °C (Umluft 160 °C, Gas Stufe 3) 45 bis 55 Minuten backen.

Mandarinen-Kleie-Kuchen

1 Stück enthält:
142 Kilokalorien/
595 Kilojoule
5 g Eiweiß
3 g Fett
23 g Kohlenhydrate
(davon 14 g Fruchtzucker)
3 g Ballaststoffe
1 BE

Zutaten für 9 Stücke:
4 Eier, 125 g Fruchtzucker, 5 EL warmes Wasser, 70 g Weizenmehl, 1 TL Backpulver, 40 g Weizenkleie, abgeriebene Schale von 1 Zitrone, 300 g Mandarinen aus der Dose (ohne Zucker), 1/2 TL Sonnenblumenöl zum Einfetten

Zubereitungszeit: etwa 80 Minuten

- Eier trennen. Eigelb und Fruchtzucker sehr schaumig schlagen, nach und nach das warme Wasser zulaufen lassen.
- Mehl und Backpulver mischen, über die Masse sieben. Weizenkleie und Zitronenschale zugeben und alles verrühren.
- Eiweiß steif schlagen und vorsichtig unterheben.
- Den Teig in eine gefettete Springform (Durchmesser: 24 cm) füllen. Mit den abgetropften Mandarinen belegen.
- Im vorgeheizten Backofen bei 175 °C (Umluft 150 °C, Gas Stufe 3) 40 Minuten backen.

Jogurttorte mit frischen Beeren

1 Stück enthält:
204 Kilokalorien/ 852 Kilojoule
6 g Eiweiß
6 g Fett
29 g Kohlenhydrate (davon 6 g Fruchtzucker)
6 g Ballaststoffe
2 BE

Zutaten für 8 Stücke:

Für den Teig:
200 g Cornflakes, 30 g weiche Margarine

Für den Belag:
1 kg Jogurt, 70 g Fruchtzucker, Mark von $1/2$ Vanilleschote, 1 EL Zitronensaft, 8 Blatt Gelatine, 6 EL süße Sahne, 1 kg verlesene Beeren, 1 Päckchen klarer Tortenguss, $1/2$ TL flüssiger Süßstoff

Zubereitungszeit: etwa 75 Minuten

- Cornflakes mit Margarine zu einem Teig verarbeiten, auf den Boden einer Springform (Durchmesser: 24 cm) geben und gut andrücken.
- Jogurt mit Fruchtzucker, Vanillemark und Zitronensaft verrühren.
- Eingeweichte Gelatine bei geringer Temperatur auflösen und unter ständigem Rühren unter die Jogurtmasse geben. Sahne steif schlagen, unterheben. Die Torte im Kühlschrank erstarren lassen.
- Mit den Beeren belegen. Tortenguss nach Anweisung herstellen, nach Geschmack mit Süßstoff süßen und über den Beeren verteilen.

Apfelkuchen

1 Stück enthält:
199 Kilokalorien/
833 Kilojoule
8 g Eiweiß
9 g Fett
20 g Kohlenhydrate
3 g Ballaststoffe
1,5 BE

Zutaten für 16 Stücke:

Für den Teig:
4 Eier, 240 g Weizenvollkornmehl,
120 g Weizenmehl, 300 g Magerquark,
2 gestrichene TL Backpulver, 100 g gemahlene Haselnüsse, 1 TL Süßstoff, 1 TL Zimt,
$1/4$ TL Kardamom, 1 TL Sonnenblumenöl zum Einfetten

Für den Belag:
600 g Äpfel, 150 g Naturjogurt,
150 g Schmand, 1 TL Süßstoff

Zubereitungszeit: etwa 60 Minuten

- Eier trennen. Mehl, Quark, 2 Eigelbe, Backpulver, Haselnüsse und Gewürze zu einem Teig verkneten.
- Den Teig auf dem eingefetteten Backblech ausrollen. Die Äpfel schälen, das Kerngehäuse entfernen, in Scheiben schneiden und den Teig damit belegen.
- Im vorgeheizten Backofen bei 175 °C (Umluft 150 °C, Gas Stufe 3) etwa 15 Minuten backen.
- In der Zwischenzeit restliches Eigelb, Jogurt, Schmand und Süßstoff verquirlen. Eiweiß steif schlagen und vorsichtig unterheben.
- Die Masse über die Äpfel verteilen und weitere 10 Minuten bei 160 °C (Umluft 140 °C, Gas Stufe 2) backen.

Apfel-Schmand-Kuchen

1 Stück enthält:
236 Kilokalorien/
988 Kilojoule
5 g Eiweiß
12 g Fett
26 g Kohlenhydrate
(davon 4 g Fruchtzucker)
2 g Ballaststoffe
2 BE

Zutaten für 14 Stücke:

Für den Teig:
150 g Magerquark, 60 g Fruchtzucker,
1 Prise Salz, 75 ml Sonnenblumenöl,
300 g Weizenmehl (Type 1050), 1 Päckchen
Backpulver, $1/2$ TL Sonnenblumenöl
zum Einfetten

Für die Füllung:
700 g Äpfel, 1 EL Zitronensaft, 2 Eier,
150 g saure Sahne, 200 g Schmand,
1 TL Süßstoff, 1 TL Zimt

Zubereitungszeit: etwa 90 Minuten

- Quark, Fruchtzucker und Salz mit den Quirlen des Handrührgerätes verrühren. Das Öl nach und nach zugeben und verrühren. Mehl und Backpulver mischen, die Hälfte über die Quarkmasse sieben und mit den Quirlen des Handrührgerätes unterrühren. Die zweite Hälfte des Mehls mit den Knethaken unterarbeiten, bis der Teig glatt ist.
- Den Teig zu einer Kugel formen, in der Schüssel mit Klarsichtfolie abdecken und etwa 10 Minuten ruhen lassen.
- Backblech mit Öl bepinseln, den Teig dünn ausrollen und das Blech damit belegen.
- Äpfel waschen, halbieren, das Kerngehäuse entfernen, schälen und in dünne Scheiben schneiden. Mit Zitronensaft beträufeln.
- Den Teigboden mit den Apfelschnitzen belegen und im vorgeheizten Backofen bei 200 °C (Umluft 180 °C, Gas Stufe 3) 20 Minuten backen.
- In der Zwischenzeit Eier trennen. Sahne, Schmand, Süßstoff, Zimt und Eigelb verrühren. Eiweiß steif schlagen und unter die Schmandmasse heben.
- Nach 20 Minuten Backzeit die Masse auf die Äpfel streichen und noch weitere 10 bis 15 Minuten backen.

Apfel-Quark-Kuchen

1 Stück enthält:
198 Kilokalorien/
827 Kilojoule
5 g Eiweiß
8 g Fett
27 g Kohlenhydrate
(davon 13 g Fruchtzucker)
2 g Ballaststoffe
1 BE

Zutaten für 20 Stücke:

Für den Teig:
2 Eier, 220 g Vollkornmehl, 250 g Fruchtzucker, Mark von 1 Vanilleschote, 150 g Diätmargarine oder Butter, $1/2$ TL Sonnenblumenöl zum Einfetten, 50 g Paniermehl zum Ausstreuen

Für die Füllung:
750 g Äpfel, Saft von 2 Zitronen, 400 g Magerquark, 1 Eigelb (Gewichtsklasse M), 25 g Weizengrieß, abgeriebene Schale von $1/2$ Zitrone, flüssiger Süßstoff nach Belieben

Zubereitungszeit: etwa 90 Minuten, Foto rechts

- Eier trennen. Mehl, Eigelb, 100 g Fruchtzucker, Vanillemark und Margarine zu einem Teig verkneten.
- Eine Springform einfetten, mit dem Paniermehl ausstreuen und mit dem Teig auslegen.
- Äpfel schälen, das Kerngehäuse entfernen, in Würfel schneiden und mit Zitronensaft beträufeln.
- Quark, restlichen Fruchtzucker, Eigelb, Grieß und Zitronenschale verrühren, nach Belieben mit Süßstoff abschmecken. Äpfel dazugeben und steif geschlagenes Eiweiß unterheben.
- Masse in die Form füllen und im vorgeheizten Backofen bei 200 °C (Umluft 180 °C, Gas Stufe 3) etwa 45 Minuten backen.

Tipp
Sehr gut schmeckt die Füllung, wenn sie mit 2 EL Rumrosinen verfeinert wird.

KUCHEN UND TORTEN

Kirschkuchen

1 Stück enthält:
151 Kilokalorien/
631 Kilojoule
5 g Eiweiß
3 g Fett
25 g Kohlenhydrate
1 g Ballaststoffe
2 BE

Zutaten für 12 Stücke:

Für den Teig:
200 g Weizenmehl, $1/2$ Päckchen Trockenhefe, 1 Prise Salz, $1/8$ l Milch, 2 $1/2$ EL Sonnenblumenmargarine, 1 TL flüssiger Süßstoff, $1/2$ TL Sonnenblumenöl zum Einfetten

Für den Belag:
500 g entsteinte Kirschen

Für den Guss:
2 Eier, $1/8$ l Milch, 1 EL Vanillepuddingpulver, 1 TL flüssiger Süßstoff

Zubereitungszeit: etwa 105 Minuten

- Gesiebtes Mehl mit Hefe und Salz vermengen. Milch, Margarine und Süßstoff erwärmen. Mit den Knethaken des Handrührgerätes unterkneten. Teig an einem warmen Ort 30 Minuten gehen lassen.
- Backblech mit Sonnenblumenöl bestreichen und den Teig auf knapp die Hälfte des Bleches ausrollen.
- Kirschen darauf verteilen. Die offene Kante mit einem Streifen Alufolie verschließen, nochmals kurz gehen lassen.
- Im vorgeheizten Backofen bei 200 °C (Umluft 180 °C, Gas Stufe 3) 30 Minuten backen.
- Eier trennen. Milch mit Puddingpulver verrühren, Süßstoff und Eigelb unterschlagen und alles aufkochen lassen. Eiweiß steif schlagen und unter die etwas abgekühlte Creme heben.
- Die Creme nach 20 Minuten Backzeit über die Kirschen streichen, den Kuchen in 10 bis 15 Minuten fertig backen.

Tipp

Damit der Kuchen saftiger wird, streichen Sie 4 EL Magerquark, mit Zimt und Süßstoff abgeschmeckt, vor dem Belegen auf den Teig.

Pfirsich-Ananas-Kuchen

1 Stück enthält:
296 Kilokalorien/ 1240 Kilojoule
4 g Eiweiß
14 g Fett
37 g Kohlenhydrate (davon 12,5 g Fruchtzucker)
2 g Ballaststoffe
2 BE

Zutaten für 16 Stücke:
Je 1 Glas halbe Pfirsiche und Ananas in Scheiben (ohne Zucker, Abtropfgewicht je 500 g), 360 g Weizenmehl, 120 g Weizenmehl (Type 1050), 255 g Fruchtzucker, 1 Päckchen Backpulver, 1 Prise Salz, 4 Eier, Saft von 1 Zitrone, 250 g zerlassene Diätmargarine, je einige Tropfen Vanille- und Rumaroma, Puderfruchtzucker zum Bestäuben

Zubereitungszeit: etwa 60 Minuten, Umschlagfoto

- Pfirsichhälften und Ananasscheiben jeweils getrennt abtropfen lassen, dabei den Fruchtsaft auffangen. Je eine Tasse davon abmessen und mischen.
- Mehl in eine Schüssel sieben. Mit 170 g Fruchtzucker, Salz und Backpulver mischen.
- Eier mit 85 g Fruchtzucker schaumig rühren. Zitronensaft, Fruchtsaft und Vanille- und Rumaroma zugeben. Mit der zerlassenen Margarine zum Mehl geben und alles gut verrühren.
- Den Teig auf ein mit Backpapier belegtes Blech streichen. Die Früchte abwechselnd auf den Teig legen.
- Den Kuchen im vorgeheizten Backofen bei 180 °C (Umluft 160 °C, Gas Stufe 3) etwa 30 Minuten backen.
- Den fertigen Kuchen herausnehmen und auskühlen lassen. Nach Belieben mit Puderfruchtzucker bestäuben.

Tipp

Verwenden Sie beim Backen und Kochen ausschließlich fluoridiertes Jodsalz. Fluorid schützt Ihre Zähne vor Karies und Jod Ihre Schilddrüse vor dem durch Jodmangel bedingten Kropf.

Eierscheckenkuchen

1 Stück enthält:
177 Kilokalorien/
741 Kilojoule
7 g Eiweiß
6 g Fett
25 g Kohlenhydrate
(davon 2 g Fruchtzucker)
2 g Ballaststoffe
2 BE

Zutaten für 20 Stücke:

Für den Teig:
$1/4$ l Milch, 80 g Diätmargarine, 500 g Weizenmehl, 30 g Hefe, 40 g Fruchtzucker, 1 Prise Salz, abgeriebene Schale von $1/2$ Zitrone

Für die Füllung:
375 ml Milch, 35 g Vanillepuddingpulver, 2 Eier, 250 g Magerquark, Mark von $1/2$ Vanilleschote, etwas abgeriebene Zitronenschale, flüssiger Süßstoff, 300 g Tiefkühl-Himbeeren

Zubereitungszeit: etwa 90 Minuten

- Milch erwärmen und das Fett darin schmelzen.
- Mehl in eine Schüssel sieben. Hefe, Fruchtzucker, Salz und Zitronenschale zugeben. Zusammen mit Milch und Margarine das Mehl mit den Knethaken des Handrührgerätes zu einem glatten Teig verarbeiten. Den Hefeteig abgedeckt an einem warmen Ort 30 Minuten gehen lassen.
- Für die Füllung aus Milch und Puddingpulver einen Pudding nach Packungsanleitung kochen und etwas abkühlen lassen.
- Eier trennen. Eigelb, Magerquark, Vanillemark und Zitronenschale unter den Pudding rühren. Mit Süßstoff abschmecken. Eiweiß steif schlagen und unterheben.
- Den Hefeteig auf einem Backblech ausrollen. Den Boden mit einer Gabel mehrmals in gleichmäßigen Abständen einstechen, damit er beim Backen keine Blasen wirft. Anschließend mit den aufgetauten Himbeeren belegen.
- Im vorgeheizten Backofen bei 200 °C (Umluft 180 °C, Gas Stufe 3) 10 Minuten backen.
- Danach die Eierscheckenmasse darüber geben und bei gleicher Temperatur weitere 20 Minuten backen.

Pflaumen-Streusel-Kuchen

1 Stück enthält:
407 Kilokalorien/
1700 Kilojoule
9 g Eiweiß
25 g Fett
36 g Kohlenhydrate
(davon 17 g Fruchtzucker)
2 g Ballaststoffe
1 BE

Zutaten für 14 Stücke:

Für den Teig:
150 g Sonnenblumenmargarine,
200 g Weizenmehl, 100 g gemahlene Mandeln, 120 g Fruchtzucker, 1 TL Sonnenblumenöl zum Einfetten

Für die Füllung:
150 g Sonnenblumenmargarine,
120 g Fruchtzucker, Mark von $1/4$ Vanilleschote, 2 Eier, 1 Päckchen Vanillepuddingpulver, 3 EL Zitronensaft, 1 TL abgeriebene Zitronenschale, 350 g Magerquark,
150 g Frischkäse (fettreduziert)

Für den Belag:
600 g entsteinte, blaue Pflaumen

Zubereitungszeit: etwa 140 Minuten

- Margarine in einem Topf schmelzen und etwas abkühlen lassen. Mehl, Mandeln und Fruchtzucker unter die Margarine geben und zu einem Streuselteig verkneten.
- Eine Springform (Durchmesser: 26 cm) mit dem Öl einpinseln. Am Rand einen Streifen Backpapier auslegen. Drei Viertel der Streuselmasse auf den Boden drücken.
- Im vorgeheizten Backofen bei 180 °C (Umluft 160 °C, Gas Stufe 3) auf der zweiten Schiene von unten 10 Minuten vorbacken.
- Für die Füllung Margarine, Fruchtzucker und Vanillemark schaumig rühren. Eier nacheinander zufügen und die restlichen Zutaten unterrühren. Alles auf den Teigboden füllen, mit den Pflaumenhälften belegen und mit den restlichen Streuseln bestreuen.
- Bei gleicher Temperatur weitere 80 Minuten backen. Wenn nötig, nach 50 Minuten abdecken. Kuchen etwas auskühlen lassen, aus der Form lösen und lauwarm oder kalt servieren.

Käsekuchen

1 Stück enthält:
359 Kilokalorien/
1501 Kilojoule
15 g Eiweiß
20 g Fett
36 g Kohlenhydrate
0 g Ballaststoffe
0 BE

Zutaten für 12 Stücke:
4 Eier, 1 kg Magerquark, 180 g Streusüße, 250 g Diätmargarine oder Butter, 2 EL Kartoffelmehl, 1 EL Weizengrieß, $1/2$ Päckchen Backpulver, Saft von $1/2$ Zitrone

Zubereitungszeit: etwa 90 Minuten

- Eier trennen. Quark, Streusüße, Eigelb und Fett mit den Quirlen des Handrührgerätes verrühren. Kartoffelmehl, Grieß, Backpulver und Zitronensaft unter den Teig rühren.
- Eiweiß steif schlagen und mit einem Schneebesen vorsichtig unter die Quarkmasse heben.
- Eine Springform (Durchmesser: 28 cm) mit Backpapier auslegen und den Teig einfüllen.
- Im vorgeheizten Backofen bei 175 °C (Umluft 150 °C, Gas Stufe 3) etwa 1 Stunde backen. Die letzten 10 Minuten der Backzeit den Ofen auf 200 °C (Umluft 180 °C, Gas Stufe 3) hochstellen.

Orangen-Quark-Schnitten

1 Stück enthält:
166 Kilokalorien/
696 Kilojoule
12 g Eiweiß
6 g Fett
16 g Kohlenhydrate
(davon 7 g Fruchtzucker)
0 g Ballaststoffe
0,5 BE

Zutaten für 12 Stücke:

Für den Teig:
6 Eier, 6 EL heißes Wasser, 80 g Fruchtzucker, 100 g Weizenmehl, $1/2$ Päckchen Backpulver

Für die Füllung:
60 ml Orangensaft, 1 EL Zitronensaft, abgeriebene Schale von 1 Orange, 600 g Magerquark, 100 ml süße Sahne, 6 Blatt Gelatine

Zubereitungszeit: etwa 55 Minuten, Foto unten

- Eier trennen. Eigelb und Wasser schaumig schlagen, Fruchtzucker langsam zugeben. So lange rühren, bis er sich aufgelöst hat.
- Mehl und Backpulver mischen und über die Eimasse sieben, vorsichtig unterheben. Eiweiß steif schlagen und ebenfalls vorsichtig unter den Teig heben.
- Den Teig auf ein mit Backpapier ausgelegtes Backblech streichen.
- Im vorgeheizten Backofen bei 180 °C (Umluft 160 °C, Gas Stufe 3) 15 bis 20 Minuten backen.
- Für die Füllung alle Zutaten gut verrühren. Die Gelatine in kaltem Wasser einweichen, dann ausdrücken, erwärmen und auflösen – nicht kochen. Etwas von der Füllung in die warme Gelatine geben und erst jetzt die Gelatine komplett unter die Sahne geben.
- Die Teigplatte halbieren und zwischen die Hälften die Hälfte der Füllung geben. Mit der restlichen Füllung garnieren.

Tipp

Sehr schmackhaft ist auch eine andere Variante: Nehmen Sie für die Quarkschnitten Grapefruits oder Blutorangen statt der Orangen.

KUCHEN UND TORTEN

Quarksahne-Ananas-Kuchen

1 Stück enthält:
217 Kilokalorien/
907 Kilojoule
7 g Eiweiß
9 g Fett
26 g Kohlenhydrate
(davon 9 g Fruchtzucker)
2 g Ballaststoffe
1 BE

Zutaten für 16 Stücke:

Für den Teig:
150 g Vollkornmehl, 1 Eigelb, 150 g Fruchtzucker, Mark von 1 Vanilleschote,
100 g Diätmargarine oder Butter,
$1/2$ TL Sonnenblumenöl zum Einfetten,
40 g Paniermehl zum Ausstreuen

Für die Füllung:
750 g Ananas aus der Dose (ohne Zucker),
Saft von $1/2$ Zitrone, 500 g Magerquark,
1 Eigelb, 25 g Grieß, abgeriebene Schale
von $1/2$ Zitrone, 1 TL Süßstoff, 2 Eiweiß,
150 ml süße Sahne

Zubereitungszeit: etwa 85 Minuten

- Mehl, Eigelb, 100 g Fruchtzucker, Vanillemark und Margarine zu einem Teig verkneten.
- Eine Springform (Durchmesser: 28 cm) einfetten, mit dem Paniermehl ausstreuen und mit dem Teig auslegen.
- Ananas in kleine Stücke schneiden.
- Zitronensaft, Quark, restlichen Fruchtzucker, Eigelb und Grieß verrühren, mit Zitronenschale und Süßstoff abschmecken. Ananasstücke dazugeben. Eiweiß und Sahne getrennt steif schlagen, nacheinander unterheben. Die Masse auf den Teig geben.
- Im vorgeheizten Backofen bei 200 °C (Umluft 180 °C, Gas Stufe 3) etwa 45 Minuten backen.

Tipp

Verwenden Sie keine frische Ananas für den Kuchen, denn frische Ananas enthält ein Enzym, das in Verbindung mit Milchprodukten einen bitteren Geschmack erzeugt.

Bienenstich

1 Stück enthält:
134 Kilokalorien/
561 Kilojoule
3 g Eiweiß
7 g Fett
15 g Kohlenhydrate
(davon 4 g Fruchtzucker)
1 g Ballaststoffe
1 BE

Zutaten für 16 Stücke:

Für den Teig:
190 g Weizenmehl, $1/2$ Päckchen Trockenhefe, abgeriebene Schale von 1 Zitrone, 2 Eigelb, 15 g Fruchtzucker, 75 ml Milch, 30 g weiche Butter, 1 TL Sonnenblumenöl zum Einfetten

Für den Belag:
30 g Butter, 30 ml süße Sahne (30 % Fett), 45 g Fruchtzucker, 50 g gehobelte Mandeln

Für die Füllung:
200 ml Milch, $1/2$ Päckchen Vanillepuddingpulver, $1/2$ TL flüssiger Süßstoff

Zubereitungszeit: etwa 105 Minuten

- Mehl in eine Schüssel sieben, Hefe, Zitronenschale, Eigelb und Fruchtzucker darüber geben. Milch kurz erwärmen, Butter darin schmelzen lassen. Mit den Knethaken des Handrührgerätes einen glatten Hefeteig zubereiten und 30 Minuten gehen lassen.
- Eine Springform (Durchmesser: 26 cm) einfetten. Den Hefeteig rund ausrollen, in die Form legen und nochmals gehen lassen.
- Butter, Sahne und Fruchtzucker zum Kochen bringen und unter ständigem Rühren weiterkochen, bis die Masse sämig ist. Jetzt die Mandeln zugeben und auf den Hefeteigboden streichen.
- Im vorgeheizten Backofen bei 200 °C (Umluft 180 °C, Gas Stufe 3) 15 Minuten backen.
- Nach dem Auskühlen in der Mitte durchschneiden und die obere Hälfte in 16 Stücke schneiden.
- Milch erhitzen, Puddingpulver und Süßstoff mit 2 EL kalter Milch glatt rühren. In die kochende Milch einrühren. Nochmals aufkochen lassen, den Pudding sofort auf den unteren Boden streichen und die geschnittenen Teile auflegen. Den Kuchen für einige Zeit kühl stellen.

KUCHEN UND TORTEN

Gewürzkuchen

1 Stück enthält:
203 Kilokalorien/
847 Kilojoule
3 g Eiweiß
10 g Fett
25 g Kohlenhydrate
(davon 7 g Fruchtzucker)
1 g Ballaststoffe
1,5 BE

Zutaten für 23 Stücke:
250 g Diätmargarine, 150 g Fruchtzucker, 4 Eier, 250 g Weizenmehl, 250 g Weizenstärke, 1 Päckchen Backpulver, 140 ml Milch, 1 TL Kakao, 20 g geriebene Diabetiker-Schokolade, 1 TL Zimt, $1/4$ TL geriebene Muskatnuss, $1/4$ TL gemahlene Nelken, 1 Prise Salz, Bittermandelöl, $1/2$ TL Sonnenblumenöl zum Einfetten

Zubereitungszeit: etwa 75 Minuten

- Margarine mit dem Zucker verrühren, bis er nicht mehr knirscht. Nach und nach die Eier zugeben.
- Mehl, Stärke und Backpulver miteinander vermischen und über die Masse sieben. Milch, Kakao, Schokolade und Gewürze dazugeben und gut miteinander verrühren.
- Eine Kastenform (Länge: 30 cm) mit dem Öl auspinseln und den Teig in die Form füllen.
- Im vorgeheizten Backofen bei 175 °C (Umluft 150 °C, Gas Stufe 3) 45 bis 50 Minuten backen.

Marmorkuchen

1 Stück enthält:
172 Kilokalorien/
719 Kilojoule
3 g Eiweiß
9 g Fett
19 g Kohlenhydrate
(davon 8 g Fruchtzucker)
1 g Ballaststoffe
1 BE

Zutaten für 25 Stücke:
250 g Diätmargarine, 190 g Fruchtzucker, 4 Eier, $1/4$ l Milch, 1 Prise Salz, 90 g Weizenstärke, 300 g Weizenmehl, 3 TL Backpulver, $1/2$ TL Sonnenblumenöl zum Einfetten, 2 g Kakao, 40 ml Milch, $1/2$ Fläschchen Rumaroma, $1/2$ TL Süßstoff

Zubereitungszeit: etwa 80 Minuten

- Margarine und Fruchtzucker gut verrühren, nach und nach Eier, Milch und Salz dazugeben. Unter die cremige Masse Stärke, Mehl und Backpulver rühren. Eine Kastenform (Länge: 32 cm) einfetten und zwei Drittel des Teiges einfüllen.
- Unter das restliche Drittel Kakao, Milch, Rumaroma und Süßstoff nach Geschmack rühren. Die Masse auf den hellen Teig geben und mit einer Gabel unter diesen ziehen.
- Im vorgeheizten Backofen bei 225 °C (Umluft 200 °C, Gas Stufe 4) etwa 50 Minuten backen.

Frischkäsetorte

1 Stück enthält:
227 Kilokalorien/
949 Kilojoule
6 g Eiweiß
11 g Fett
30 g Kohlenhydrate
1 g Ballaststoffe
1 BE

Zutaten für 16 Stücke:

Für den Teig:
100 g Cornflakes, 50 g Haferflakes,
70 g Halbfettmargarine

Für die Füllung:
2 Päckchen Diabetiker-Götterspeise,
$1/2$ l Wasser, 370 g Diabetiker-Preiselbeeren,
200 g Frischkäse (fettreduziert),
250 g Magerquark, 15 ml Zitronensaft,
8 ml flüssiger Süßstoff, 300 ml süße Sahne,
60 g Cornflakes zum Bestreuen

Zubereitungszeit: etwa 60 Minuten

- Corn- und Haferflakes zerkleinern und mit der leicht angewärmten Halbfettmargarine verkneten. Die Masse in eine Springform (Durchmesser: 26 cm) füllen und gut andrücken. Götterspeise mit heißem Wasser verrühren, quellen lassen, Preiselbeeren einrühren.
- Frischkäse mit Magerquark, Zitronensaft und Süßstoff verrühren, unter die lauwarme Götterspeise ziehen. Sahne steif schlagen und unterheben. Die Masse auf den Boden streichen und kalt stellen.
- Kurz vor dem Servieren die Torte mit Cornflakes bestreuen.

FEINE WAFFELN UND SOUFFLEES

Feine Waffeln und Soufflees

Unsere Waffel- und Auflaufrezepte sind rasch zubereitet und ideal, wenn plötzlich Besuch erscheint. Probieren Sie die Rezepte einfach aus. Durch die Verwendung von frischen und gleichzeitig fettarmen Milchprodukten, wie Quark oder Buttermilch, können Sie ganz kalorienbewusst schlemmen. Ein leckeres Kompott dazu – und schon ist ein vollständiges Mittag- oder Abendessen fertig.

Buttermilchwaffeln

1 Stück enthält:
272 Kilokalorien/
1137 Kilojoule
5 g Eiweiß
15 g Fett
29 g Kohlenhydrate
(davon 15 g Fruchtzucker)
1 g Ballaststoffe
1 BE

Zutaten für 8 Stück:
100 g Butter oder Diätmargarine,
150 g Weizenmehl, 1 Msp. Backpulver,
150 ml Buttermilch, 120 g Fruchtzucker,
1 Prise Salz, 3 Eier, 1 EL Sonnenblumenöl zum Ausbacken

Zubereitungszeit: etwa 55 Minuten

- Das Fett in Stücke schneiden und in einem Topf bei milder Hitze langsam schmelzen lassen.
- Mehl in eine Schüssel geben und mit dem Backpulver mischen. Die Buttermilch dazugießen und mit den Quirlen des Handrührgerätes vermengen. Zucker, Salz und Eier zugeben und alles zu einem glatten Teig verrühren.
- Zum Schluss das abgekühlte, aber noch flüssige Fett untermischen. Den Teig dann 20 Minuten ruhen lassen.
- Das Waffeleisen auf der mittleren Stufe vorheizen. Beide Seiten dünn mit Öl bestreichen. Ein bis zwei Kellen Waffelteig auf die untere Seite gießen. Das Waffeleisen schließen und die Waffel 4 bis 5 Minuten backen.
- Nacheinander aus dem restlichen Teig goldgelbe Waffeln backen.

Tipp

Die meisten Waffeleisen haben eine Antihaftbeschichtung, sodass Sie zum Einpinseln nur sehr wenig Öl brauchen. Wenn Sie das Waffeleisen häufig benutzen, können Sie auf das Einfetten gänzlich verzichten.

Mohnwaffeln

1 Stück enthält:
296 Kilokalorien/
1236 Kilojoule
6 g Eiweiß
17 g Fett
29 g Kohlenhydrate
(davon 15 g Fruchtzucker)
2 g Ballaststoffe
1 BE

Zutaten für 8 Stück:
100 g Butter oder Diätmargarine,
150 g Weizenmehl, 1 Msp. Backpulver,
150 ml Milch, 120 g Fruchtzucker,
1 Prise Salz, 3 Eier, 2 EL gemahlener
Mohn, 1 EL Sonnenblumenöl zum
Ausbacken

Zubereitungszeit: etwa 55 Minuten

- Das Fett in Stücke schneiden und in einem Topf bei milder Hitze langsam schmelzen lassen.
- Mehl in eine Schüssel geben und mit dem Backpulver mischen. Die Milch dazugießen und mit den Quirlen des Handrührgerätes vermengen. Zucker, Salz und Eier zugeben und alles zu einem glatten Teig verrühren.
- Zum Schluss das abgekühlte, aber noch flüssige Fett und den Mohn untermischen. Den Teig dann 20 Minuten ruhen lassen.
- Das Waffeleisen auf der mittleren Stufe vorheizen. Beide Seiten dünn mit Öl bestreichen. Ein bis zwei Kellen Waffelteig auf die untere Seite gießen. Das Waffeleisen schließen und die Waffel 4 bis 5 Minuten backen.
- Nacheinander aus dem restlichen Teig goldgelbe Waffeln backen.

Tipp

Gut dazu passt ein Sauerkirschkompott: Verwenden Sie dafür 350 g Sauerkirschen, die Sie mit einer Zimtstange und einigen Spritzern flüssigen Süßstoff aufkochen und kurz köcheln lassen. Das abgekühlte Kompott wird zu den heißen Waffeln serviert.

Quark-Soufflee auf Fruchtsauce

1 Portion enthält:
134 Kilokalorien/
562 Kilojoule
13 g Eiweiß
3 g Fett
13 g Kohlenhydrate
4 g Ballaststoffe
0,5 BE

Zutaten für 4 Portionen:
100 g Äpfel, 60 g Birnen, 1 EL Zitronensaft, 250 g Magerquark, 6 g Vanillepuddingpulver, 10 g fein gehackte Pistazienkerne, Mark von $1/4$ Vanilleschote, $1/2$ TL Zitronat, 3 Eiweiß, 1 Prise Zimt, $1/2$ TL flüssiger Süßstoff, 200 g Tiefkühl-Heidelbeeren, 4 Soufflee-Förmchen (Durchmesser: 10–11 cm), 1 TL Sonnenblumenmargarine zum Einfetten

Zubereitungszeit: etwa 105 Minuten, Foto Seite 82/83

- Apfel und Birne schälen, das Fruchtfleisch würfeln und mit Zitronensaft beträufeln.
- Magerquark und Puddingpulver mit einem Schneebesen zu einer geschmeidigen Creme verrühren. Pistazien, Vanillemark, Zitronat und ein Eiweiß untermischen, mit Zimt und Süßstoff abschmecken. Danach vorsichtig das Obst unterheben.
- Restliches Eiweiß mit einem Spritzer Zitronensaft steif schlagen, unter die Masse heben und in die eingefetteten Förmchen füllen.
- Die Förmchen in eine mit Wasser gefüllte, feuerfeste Form setzen und in den auf 190 °C (Umluft 170 °C, Gas Stufe 3) vorgeheizten Backofen stellen. Die Soufflees dann bei 180 °C (Umluft 160 °C; Gas Stufe 3) etwa 1 Stunde backen.
- Inzwischen die Beeren pürieren, mit Süßstoff süßen und auf vier Teller verteilen. Die Soufflees vorsichtig stürzen, sofort umdrehen, auf die Sauce setzen und direkt servieren.

Buttermilch-Soufflee

1 Portion enthält:
250 Kilokalorien/
1074 Kilojoule
11 g Eiweiß
8 g Fett
34 g Kohlenhydrate
(davon 6 g Fruchtzucker)
1 g Ballaststoffe
2 BE

Zutaten für 4 Portionen:
3 Eier, Mark von $^1/_2$ Vanilleschote,
25 g Fruchtzucker, $^3/_8$ l Buttermilch,
75 g Weizenmehl, 1 TL Backpulver,
1 Päckchen Vanillepuddingpulver,
10 g gehackte Pistazien, 4 Soufflee-Förmchen (Durchmesser: 10–11 cm),
1 TL Sonnenblumenmargarine
zum Einfetten

Zubereitungszeit: etwa 100 Minuten

- Eier trennen. Eigelb, Vanillemark und Fruchtzucker mit den Quirlen des Handrührgerätes cremig rühren. Buttermilch unterrühren.
- Mehl, Backpulver und Puddingpulver sorgfältig mischen und unter die Masse heben.
- Eiweiß steif schlagen, vorsichtig mit den Pistazien unterheben.
- Den Teig in die gefetteten Förmchen füllen.
- Die Förmchen in eine mit Wasser gefüllte, feuerfeste Form setzen und in den auf 175 °C (Umluft 150 °C, Gas Stufe 3) vorgeheizten Backofen stellen. Die Soufflees dann bei 190 °C (Umluft 170 °C, Gas Stufe 3) etwa 1 Stunde backen.
- Die Soufflees vorsichtig stürzen, sofort umdrehen und direkt servieren.

Tipp

Den Backofen nur auf 175 °C vorheizen, da die Soufflees sonst außen zu braun werden und innen noch nicht gar sind.

FEINE WAFFELN UND SOUFFLEES

Service

Backen leicht gemacht – praktische Backtipps

Auf den folgenden Seiten haben wir für Sie Tipps zusammengestellt, die Ihnen das Backen erleichtern und auch den schwierigsten Teig gelingen lassen. Sie werden sehr schnell feststellen, dass Sie herkömmliche Rezepte mit »normalem« Zucker ganz einfach diabetesgerecht umstellen können. Und Sie werden bemerken, dass die Diagnose Zuckerkrankheit nicht bedeutet, dass Sie keine Süßigkeiten mehr essen dürfen und keinen Spaß beim Backen haben. Ganz im Gegenteil – unsere Tipps sollen Sie anregen, kreativ zu backen.

So löst sich der Kuchen aus der Form

Gebäck haftet nicht an der Kuchenform oder am Blech fest, wenn die Formen mit Backpapier ausgelegt sind. Das Fetten der Form entfällt, und das Papier lässt sich mehrfach verwenden. Kuchenformen sollten Sie nicht mit Spülmittel oder im Geschirrspüler säubern. Der Kuchen löst sich dadurch schlechter aus der Form. Werden Formen nach dem Fetten zusätzlich mit Paniermehl oder Grieß ausgestreut, gleitet der Kuchen leicht heraus.
Kuchen sollen nach dem Backen noch zehn Minuten in der Form ruhen, bevor sie gestürzt werden. Rutscht ein Kuchen nicht heraus, legen Sie einfach einen feuchten Lappen auf die gestürzte Form oder lösen ihn mit der Teigkarte.

Backen mit Zuckeraustauschstoffen und Süßstoff

Beim Backen mit Fruchtzucker (Fruktose) oder einem anderen Zuckeraustauschstoff (siehe Tabelle S. 16) müssen Sie folgende Dinge beachten: Zuckeraustauschstoffe lösen sich in der Regel schlechter in Flüssigkeiten als Haushaltszucker. Daher müssen Sie beim Kneten oder Rühren eines Teiges besonders gründlich sein. Den Fruchtzucker können Sie idealerweise vor dem Verarbeiten in einer Küchenmaschine oder Kaffeemühle zu Puderfruchtzucker vermahlen. Die besten Backeigenschaften der Zuckeraustauschstoffe besitzt Fruchtzucker. Da er jedoch stärker bräunt als herkömmlicher Haushaltszucker, muss der Kuchen – um nicht zu verbrennen – mit Backpapier abgedeckt werden. Fruchtzucker ist darüber hinaus das Kohlenhydrat mit der höchsten Süßkraft. Wenn Sie ein Backrezept diabetesgerecht abwandeln möchten, verringern Sie die Zuckermenge um 30 Prozent.

Weil Süßstoffe keine Masse liefern, kann die Zuckermenge aus »normalen« Rezepten nicht vollständig damit ersetzt werden. Mindestens eine Hälfte der herkömmlichen Zuckermenge sollte Zuckeraustauschstoff oder Fruchtzucker sein. Der Süßstoff Aspartam verliert bei Hitze teilweise seine Süßkraft und sollte daher nicht zum Backen verwendet werden.

So gelingt der Rührteig

Ein Rührteig ist ganz einfach und schnell gemacht: die Zutaten werden nur miteinander verrührt. Je schaumiger Fett, Fruchtzucker und Eier geschlagen werden, desto lockerer und zarter wird der Kuchen. Die Zutaten verbinden sich besser, wenn sie Zimmertemperatur haben. Deshalb sollten Sie Eier, Fett und Milch rechtzeitig aus dem Kühlschrank nehmen. Die Masse aus Fett, Fruchtzucker und Eiern so lange schaumig schlagen, bis sich der Zucker fast gelöst hat. Das Mehl zum Schluss unter den Teig rühren, damit der Teig nicht klebrig oder glitschig wird. Den fertigen Rührteig sofort in die Backform geben und backen, weil das Backpulver seine Treibkraft schnell entwickelt.

Der Rührteig ist so vielseitig wie kein anderer Teig: er schmeckt verfeinert mit Kakao, Nüssen, Mandeln, getrockneten Früchten oder mit Obst (frisch oder aus dem Glas) belegt. Eine feine Variante des Rührteiges ist der Sandkuchen – dabei wird ein Teil des Mehles durch Speisestärke ersetzt. Der Kuchen wird dadurch besonders feinporig und zart.

So gelingt der Biskuitteig

Damit der Biskuit locker wird, muss unter die Eigelbmasse viel Luft gearbeitet werden: dazu die Masse auf höchster Stufe mit den Quirlen des Handrührgerätes so lange schlagen, bis sie ganz hell und cremig ist. Eischnee, Mehl und Stärke vorsichtig mit einem Schneebesen unter die Eigelbmasse heben – niemals kräftig schlagen – bis ein glatter Teig entsteht. Den Biskuitteig sofort in die Form füllen und backen: steht er zu lange, entweicht die untergeschlagene Luft – und der Teig fällt zusammen. Deshalb den Biskuitteig immer in den vorgeheizten Backofen schieben. Der Teig ist fertig gebacken, wenn er sich vom Rand der Kuchenform löst. Oder Sie drücken leicht mit dem Finger auf den Biskuit. Er ist gerade richtig, wenn sich die Delle wieder nach oben wölbt.

Biskuitteig braucht kein Backtriebmittel, da sich beim Backen die untergeschlagene Luft ausdehnt und den Teig in die Höhe treibt. Werden jedoch Zutaten wie Nüsse oder Fett zugegeben, kann ein Teelöffel Backpulver den Teig lockern. Für eine Biskuitrolle stürzen Sie den Teig nach dem Backen sofort auf ein mit Fruchtzucker oder Streusüße bestreutes Geschirrtuch und rollen den Teig mit dem Tuch auf. Der Biskuit bricht beim Auf- und Abrollen nicht, wenn Sie die Teigränder mit den Fingern flach drücken.

So gelingt der Hefeteig

Die Milch und das Fett dürfen nur lauwarm sein, da die Hefepilze bei über 40 °C abgetötet werden. Der Teig kann dann nicht mehr aufgehen. Hefeteig soll an einem warmen Ort gehen, am besten in der Küche, geschützt vor Zugluft. Er soll weiterverarbeitet werden, wenn er sich verdoppelt hat.

Hefeteig gelingt auch ohne Eier. Damit der Teig locker wird, geben Sie etwas mehr Flüssigkeit wie Wasser, Milch, Jogurt oder Buttermilch hinzu. Statt frischer Hefe können Sie ebenso Trockenhefe verwenden. Ein Päckchen Trockenhefe (7 g) entspricht in etwa einem Hefewürfel (42 g). Sie hält sich bis zu einem Jahr und ist deshalb als Vorrat geeignet.

So gelingt der Brandteig

Das Backblech mit Backpapier belegen, weil der Teig klebrig ist. Den Teig immer in ausreichendem Abstand auf das Blech spritzen, denn er wird beim Backen zwei- bis dreimal so voluminös. In den ersten 15 Minuten den Backofen geschlossen lassen: Der Brandteig fällt sonst zusammen. Das Gebäck ist fertig, wenn es beim Daraufklopfen hohl klingt. Wird das Gebäck gefüllt, schneidet man es nach dem Abkühlen vorsichtig mit einem Sägemesser auf. Beim Brandteig kommt es auf die Füllung an, ob er süß oder pikant schmeckt, denn der Teig wird nicht gesüßt.

So gelingt der Strudelteig

Den Teig mit den Händen so lange kräftig kneten, bis er nicht mehr an den Händen haften bleibt und elastisch ist. Der Strudelteig lässt sich mühelos auf einem Geschirrtuch ausrollen, wenn Sie ein zweites, feuchtes Geschirrtuch darunter legen. Zum Ausziehen des Teiges beide Hände mit Mehl einreiben und die Hände mit den Handrücken nach oben unter den Teig schieben. Den Teig Stück für Stück über den nebeneinander liegenden Händen hochheben und langsam strecken, indem Sie die Hände immer weiter auseinander nehmen. Den Teig stets so ziehen, dass er nicht die Fingernägel berührt, er reißt sonst.

Der Strudel wird immer im vorgeheizten Ofen auf der zweiten Einschubleiste von unten gebacken. Für Strudelteig können Sie statt Öl auch Butter oder Margarine nehmen. Dazu schmelzen Sie das Fett zunächst bei milder Hitze und geben es dann zum Mehl.

Allgemeine Tipps und Tricks rund ums Backen

- Eine Prise Salz bei süßen Teigen intensiviert das Aroma und sorgt für Harmonie bei süßen Zutaten.
- Wenn der Teig zu dünnflüssig ist, waren unter Umständen die verwendeten Eier zu alt. Vielleicht wurde aber auch der Teig nicht lang genug geschlagen. Deshalb muss das Eigelb immer stark schaumig geschlagen und das steife Eiweiß vorsichtig untergehoben werden.
- Der Teig sollte immer in der gleichen Richtung gerührt werden. Das geht am einfachsten mit einem elektrischen Handrührer. Wenn der Hefeteig zu lange geknetet wird, kann er schlaff und unelastisch werden. Deshalb sollte man den Teig in den letzten drei Minuten mit der Hand fertig kneten.
- Dunkle, schwarz lackierte oder emaillierte Formen nehmen die Backofenhitze besonders gut auf und leiten sie vollständig an das Backgut weiter. Füllen Sie die Formen nur zu zwei Drittel mit Teig, damit der Kuchen genügend Platz zum Aufgehen hat.
- Nach Ablauf der Garzeit empfiehlt sich eine »Garprobe«. Mit einem Holzstäbchen sticht man in den Kuchen. Bleibt kein Teig kleben, so ist der Kuchen innen ausreichend gebacken.
- Wer energiebewusst backen möchte, kann den Ofen, je nach Art des Gebäcks, fünf bis zehn Minuten vor Ende der Backzeit ausschalten und den Kuchen in der Nachwärme fertig backen lassen.

Adressen und Infos

In unserem Serviceteil finden Sie die Anschriften verschiedener Institutionen und Verbände, an die Sie und Ihre Angehörigen sich wenden können, wenn Sie Fragen zu Ihrer Krankheit haben. Hier können Sie auch Informationsmaterial anfordern.

Adressen

Deutscher Diabetiker Bund (DDB) e.V., Bundesgeschäftsstelle, Danziger Weg 1, 58511 Lüdenscheid, Tel.: (0 23 51) 98 91 53

Deutscher Diabetiker Verband (DDV) e.V. und Bund diabetischer Kinder und Jugendlicher (BdKJ) e.V., Frau Jutta Bürger-Büsing, Hahnbrunner Str. 46, 67659 Kaiserslautern-Erzhütten, Tel.: (06 31) 7 64 88, Fax: (06 31) 9 72 22

Insuliner-Selbsthilfegruppen (bundesweit), Insuliner Verlag, Frau Anneliese Kuhn-Prinz, Narzissenweg 17, 57548 Kirchen-Freusberg, Tel.: (0 27 41) 93 00 40, Fax: (0 27 41) 93 00 41

Gütegemeinschaft Diätverpflegung e.V., Frau Nadine Balzani, Moorenstr. 80, 40225 Düsseldorf, Tel.: (02 11) 33 39 85, Fax: (02 11) 31 76 91

Informationen für Diabetiker

Information über Insulinpumpentherapie
Broschüre: Die neue Insulinpumpe H-Tron Plus, Zeitschrift »Disetronic Pumpen-Forum«: Disetronic Medical Systems GmbH, Otto-Vogler-Str. 7c, Postfach 1070, 65836 Sulzbach/Taunus, Tel.: (0 61 96) 5 05 00, Fax: (0 61 96) 50 50 50

Diabetes heute – Erkennung, Behandlung, Folgeschäden – Was man über die Zuckerkrankheit wissen sollte. Herausgeber: Deutsche Diabetes Union e.V., Bestellung gegen 3 DM in Briefmarken beim Deutschen Diabetiker Verband e.V. oder Bund diabetischer Kinder und Jugendlicher e.V.

Informationsmaterial für Diabetiker: Bayer Diabetes-Service,
Postfach 30 03 13, 51332 Leverkusen, Servicetelefon (kostenlos):
(01 30) 72 61 88, Internet: http://www.diabeteshaus.com

Informationsmaterial für Diabetiker: Ortho-Clinical Diagnostics GmbH,
Geschäftsbereich LifeScan, Postfach 13 40, 69141 Neckargmünd,
Servicetelefon (kostenlos): (01 30) 70 77, Fax: (01 30) 85 77 77,
Internet: http://www.lifescan.com

Ausführliches Informationsmaterial für Diabetiker *(Informationen für
Zuckerkranke, die Tabletten einnehmen, Bestellnummer: 206255/
Dez.96/043):* Hoechst Marion Roussel Deutschland AG, Geschäftseinheit
Diabetes, Königsteiner Str. 10, 65812 Bad Soden/Taunus

Vierteljährlich erscheint die Zeitschrift *Diabetes Ring* (Informationen
rund um das Thema Diabetes): Lilly Deutschland GmbH, Bereich Diabetes
»Diabetes Ring«, Saalburgstr. 153, 61350 Bad Homburg

Im Insuliner Verlag erscheint der *»Insuliner«*. Die Zeitschrift richtet sich
an insulinpflichtige Diabetiker. Insuliner Verlag, Narzissenweg 17,
57548 Kirchen-Freusberg, Tel.: (0 27 41) 93 00 40,
Fax: (0 27 41) 93 00 41

Monatlich erscheint die Zeitschrift »*Diabetes Journal*« (Jahresabo:
67,20 DM inkl. Versand). Probehefte sind kostenlos erhältlich.
Verlegerdienst München, Diabetes Journal – Aboservice, Postfach 12 80,
82197 Gilching

Die Anschriften von *Diabetes-Schulungszentren* erhalten Sie über
die *Geschäftsstelle der Deutschen Diabetes Gesellschaft (DDG) e.V.,* c/o
Berufsgenossenschaftliche Kliniken Bergmannsheil, Bürkle-de-la-Camp-
Platz 1, 44789 Bochum, Tel.: (02 34) 3 02 64 29, Fax: (02 34) 33 07 34

*Verein zur Förderung der gesunden Ernährung und Diätetik (VFED)
e.V.,* Postfach 1928, 52021 Aachen, Morillenhang 27, 52074 Aachen,
Tel.: (02 41) 50 73 00, Fax: (02 41) 50 73 11, Internet: www.vfed.de,
e-mail: vfed@rmi.de. Beim VFED e.V. erhalten Sie Anschriften von
freiberuflich tätigen Diät- und Ernährungsberatern in Ihrer Umgebung.

Verzeichnis der Rezepte

A
Apfelkuchen 68
Apfel-Quark-Kuchen 70
Apfel-Schmand-Kuchen 69
Apfeltaschen 46

B
Baguette 56
Bienenstich 79
Biskuitrolle mit Konfitüre 61
Biskuitrolle mit Mokka-
  füllung 60
Biskuittörtchen 50
Buttermilch-Soufflee 87
Buttermilchwaffeln 84

C
Curry-Hackfleisch-Strudel 40

E
Eierscheckenkuchen 74
Erdbeerboden 62
Erdbeerkranz 63

F
Frischkäsetorte 81

G
Gewürzkuchen 80

H
Hefefladen 55
Hefeschnecken mit bunten Beeren
  52

J
Jogurttorte mit frischen
  Beeren 67

K
Käsekuchen 76
Kirschkuchen 72
Kokosflockentorte 65

L
Lauchtorte 43

M
Mandarinen-Kleie-Kuchen 66
Mandeltörtchen 49
Marmorkuchen 80
Mehrkornbrötchen 57
Mohnwaffeln 85
Müsliriegel 51

N
Nusshörnchen 48

O
Orangen-Quark-Schnitten 76

P
Pfirsich-Ananas-Kuchen 73
Pflaumen-Streusel-Kuchen 75

Q
Quarkbrötchen 56
Quarkhefestuten 64
Quarksahne-Ananas-Kuchen 78
Quark-Soufflee auf Fruchtsauce 86
Quarktaschen mit Aprikosen 47
Quiche Lorraine 38

S
Sauerkirsch-Nuss-Törtchen 50
Schokoladenkuchen, feiner 66
Spargelquiche 39
Spinatpizza 36
Spinat-Schafskäse-Tarte 37
Spritzgebäck 54

W
Wirsingtorte 42

Z
Zitronenplätzchen 54

Die Autoren
Sven-David Müller ist Diätassistent, Diabetesberater der Deutschen Diabetes Gesellschaft, Medizinjournalist und 1. Vorsitzender des Vereins zur Förderung der gesunden Ernährung und Diätetik (VFED) e.V. Derzeit leitet er das Deutsche Institut für Ernährungsmedizin und Diätetik (D.I.E.T.). Christiane Pfeuffer ist als Diätassistentin an der Neurologischen REHA-Klinik in Bad Camberg tätig.

Wichtiger Hinweis
Die im Buch veröffentlichten Ratschläge und Rezepte wurden mit größter Sorgfalt von den Verfassern und vom Verlag erarbeitet und geprüft. Eine Garantie kann jedoch nicht übernommen werden. Ebenso ist eine Haftung der Verfasser bzw. des Verlages und seiner Beauftragten für Personen-, Sach- oder Vermögensschäden ausgeschlossen.

Bildnachweis
Umschlagfoto: Ulla Maier-Reichle; Rezept S. 73
Fotos: Stockfood/Gousset 6, – /Eising 44, alle weiteren Gerhard Poggenpohl, Sigmarszell

Impressum
Die Deutsche Bibliothek - CIP-Einheitsaufnahme
Ein Titeldatensatz für diese Publikation ist bei Der Deutschen Bibliothek erhältlich.

Midena Verlag, München
© 2000 Weltbild Ratgeber Verlage GmbH & Co. KG

Das Werk einschließlich aller seiner Teile ist urheberrechtlich geschützt. Jede Verwertung außerhalb des Urhebergesetzes ist ohne Zustimmung des Verlages unzulässig und strafbar. Das gilt insbesondere für Vervielfältigungen, Übersetzungen, Mikroverfilmungen und die Einspeicherung und Verarbeitung in elektronischen Systemen. Bei der Anwendung in Beratungsgesprächen, im Unterricht und in Kursen ist auf dieses Buch hinzuweisen.

Projektleitung: Dr. Silke Bromm
Redaktion: Michaela Mohr, Augsburg
Herstellung: Ina Hochbach
Umschlagkonzeption: Kontrapunkt, Kopenhagen
Innenlayout: Peter Engel, Grünwald
Satz: satz-studio gmbh, Bäumenheim
Reproduktion: Mayr Reprotechnik GmbH, Donauwörth
Printed in Germany

ISBN 3-310-00586-0